人效管理

穆胜 ◎ 著

HR EFFICIENCY
MANAGEMENT

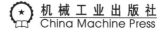

图书在版编目（CIP）数据

人效管理 / 穆胜著 . -- 北京：机械工业出版社，2022.10（2024.5 重印）
ISBN 978-7-111-71701-0

I. ①人… II. ①穆… III. ①企业管理 – 人力资源管理 IV. ① F272.92

中国版本图书馆 CIP 数据核字（2022）第 179800 号

  人力资源专业不专业，无法创造经营价值，是人力资源专业的尴尬，更是企业和老板的无奈。人力资源专业缺乏数据基础，似乎是一切的根源。但我更要提醒的是——数据重要，却不要为了数据而数据。本书旨在将人力资源专业由过去的"专业语文题"变成更加彻底的"经营数学题"。这也意味着，本书将把读者进一步从"理念"带入"实践"。上篇"人效管理理念"，介绍了人效对于企业经营的重要意义，明确了关注人效是驱动企业的重要抓手，赋予人效管理以经营意义，明确了人力资源专业应该且可能创造经营价值。中篇"人效管理方法"，介绍了人效管理的"数据诊断—战略制定—人效规划—队伍规划—职能规划—人效管控"六部曲方法论。从数据到行动的逻辑，也让人效管理成为一台精密的仪器，使 HR 能够以人效为支点来推动经营。下篇"人效管理实战"，介绍了企业如何将人效管理的理念和方法运用到实践中。

人效管理

出版发行：	机械工业出版社（北京市西城区百万庄大街 22 号 邮政编码：100037）			
责任编辑：	高珊珊	责任校对：	宋 安 刘雅娜	
印 刷：	三河市宏达印刷有限公司	版 次：	2024 年 5 月第 1 版第 4 次印刷	
开 本：	170mm×230mm 1/16	印 张：	14.25	
书 号：	ISBN 978-7-111-71701-0	定 价：	79.00 元	

客服电话：(010) 88361066 68326294

版权所有·侵权必究
封底无防伪标均为盗版

HR EFFICIENCY MANAGEMENT

前　言

五个典型 HR 的命运

Amanda、Bella、Cindy、Doris、Elva 是国内某知名人力资源专业顶级强校的硕士研究生同学，她们在校时住在一个寝室，感情极好，被同学们称为"五朵金花"。

毕业后，大家天南海北地就业，各自选择了心仪的公司，十几年过去了，基本也都做到了人力资源总监（human resources director，HRD）及以上的职位。

这一年校庆，五人返校重聚，怀念青葱岁月。在学校的咖啡厅里，"五朵金花"在叙旧后，把关注点放到了共同的职业上，叽叽喳喳打开了话匣子。

"油腻"的 HR 年度工作计划

学霸 Amanda 回到了家乡东北，进入一家传统制造业企业，一步一个脚印做到了 HRD。

这家企业的人力资源工作一直按部就班，高情商的说法叫"规范性强"，低情商的说法就是"土味十足"。

又到了年末，直管人力资源部的企业老板例行听取明年人力资源工作计划的汇报，还没听完就瘪起了嘴："Amanda，听起来，明年的工作还是今年的干法嘛。这市场变化、战略调整、业务重构，整得我们管理层和业务部门都热血沸腾，你这里是一如既往很'稳定'嘛。"

Amanda 听出老板话里有话，但又无言以对。要说市场、战略和业务的变化，自己也看到了，也有点热血沸腾，**但看到了趋势的"面"，不等于明确了行动的"点"**。等自己明确了行动的"点"，业务早就干得热火朝天了，这种尴尬期真的让人难受。而且，按照自己十几年的专业经验，人力资源工作不就应该这样按部就班吗？那些可以突破、赋能业务的"点"在哪里呢？

无处发力的人效提升项目

和 Amanda 上下铺的 Bella 选择了一条截然不同的职业路径，她南下深圳，进入了一家中等体量的高科技公司，一路成长，也做到了 HRD。

都说"深圳速度"，Bella 能够一路成长，正是因为对老板的需求能快速理解、快速落地。在读研期间打下的扎实基础帮到了她，老板要做职级体系、绩效考核、薪酬调整，她都能第一时间理解，并弄出个 80 分的东西。在起初几年的创业期，老板对她都是赞不绝口——

"不愧是科班出身！"

最近两年，Bella 却犯了难。经济增长进入存量时代，高科技公司的日子也不好过，技术特长转化为商业结果并不是顺理成章的事。老板开始抓效率，而他最关注的就是人效（HR efficiency，人力资源效能），老板说："科技公司最核心的就是人，人的效率提高了，公司的效率就提高了。"

话是没错，但 Bella 却并没有太多的思路。自己公司的人效衡量该制定什么指标，究竟是高了还是低了，应该用什么思路去突破……也只能凭经验先做起来，却越做越模糊。老板**看不到基于数据的判断和思路，他越来越不满了。**

套路化的人力资源规划

在寝室里常常神龙见首不见尾的 Cindy 被称为"lucky girl"（幸运女孩），她一路顺风顺水。毕业后，她就地就业，选择了一家离家近的初创互联网公司。

这家公司最初一直平平稳稳，Cindy 的职业生涯虽然稳定上升，但也只能说是波澜不惊。近几年互联网风口到来，这家公司突然得到多轮融资，而后上市了。Cindy 的职位也水涨船高，变成了一家中型互联网公司的人力资源副总裁（human resources vice president，HRVP），风光一时无两。

最近，"lucky girl"却犯了难，公司发展得太快，人才补给跟不上。本来，公司不缺钱，互联网公司的通用做法就是疯狂挖猎，用钱

"买人"。但大量引入的人才却未能顺利融入，并没有产生相应的效果，加上互联网产业红利渐渐消失，老板对组织和人的问题就更加关注了。老板说："现在的问题是，业务依然必须快速发展，但我们可挥霍的本钱少了，不能再用过去太'浪'的方式来建队伍了，我们应该有科学的人力资源规划。"

Cindy 好歹是科班出身，人力资源规划还是懂的，无非就是两部分：一是组织与人力资源盘点，二是人才队伍建设和人力资源职能规划。问题是，对自己费了九牛二虎之力盘点出来的信息，老板根本无感，对后面的规划就更看不上了。

老板说："你告诉我的都是我知道的，**你盘点出来的这些数据根本无法辅佐 CEO 做决策**。我问你，**就算不做这个盘点，你的规划是不是也能出来？那你的规划不就是套路吗？**"

进退维谷的组织变革

Doris 称自己是劳碌命，在家里是长女，为弟妹们操心，在学校是学生干部，为班级操心……进了西部地区一家传统大型企业，一路做到组织开发（organization development，OD）总监，却又碰上了让 HR 们闻风色变的组织变革。

当然，组织变革都能理解，企业几十年历史了，部门墙、隔热层、流程桶、真空罩……大企业病的症状一个不少，"内卷"到极致。而且，如此船大难掉头，自然缺乏市场竞争力，老板当然想要变革了。

对于组织变革的风险，深谙人性的老板思考了很多，他向 Doris

抛出了问题："我们的组织要不要变革？一定要！但我们哪里有问题，要往什么方向变革？什么能变，什么不能变？先变什么效果来得快，后变什么要打攻坚战？这一系列问题都必须先回答清楚。"

Doris 尝试用自己在企业十几年的经验抛出了"组织僵化""人员老化""文化陈旧"的判断，看似挺有道理。老板却直接打断："不要说这些我都知道的事了，哪个大企业没有这些问题？你是科班出身，**给我点信息增量，用数据说话，让我在进行这高风险系数的变革时心中有谱**！"

HR 数字化转型，我会被机器打败？

Elva 是大家的老大姐，一向稳重的她听完大家的故事，最后才缓缓开口："你们考虑的是人力资源专业怎样才能更有价值，而我考虑的是人力资源专业会不会死掉。"

这句大胆的发言居然让在场所有人愣了十几秒。

原来，Elva 所在的企业虽然是实体企业，却是最早引入数字化转型的一批。最开始，所有人都以为数字化转型只是做加法，从而提升效率，谁也没有想到，这种转型居然从根本上改变了企业的运作方式，也波及了几乎所有的业务。

在业务上，研、采、产、销各个板块都打通了数据链条。举例来说，把客户需求、生产排产和备料情况一汇总，备料还没用完，企业就直接向供应商下单了，完全是无缝衔接，原料库存降到了最低。

业务流改完了，就轮到资金流和人才流。老板的逻辑很简单："穆胜博士有个观点我很认同——做生意就是人效和财效两大逻辑，无非就是投入多少人和钱追求多少业务结果。Elva 你是首席人力资源官（chief human resources officer，CHO），对于不同的业务应该投入的编制和人工成本，你们 HR 有什么见解呢？"

精通选用育留的 Elva 完全没有从这个角度思考过问题，一下子被问住了，只能说："我们一定狠抓人效，严格控制编制和人工成本。"老板不悦："这样龟缩，业务都被你们管死了。"旁边的数字化转型总监说了一句："HR 可能对这些数据不太理解，没事，**我们部门下一步就会推动职能体系的数字化转型，数据进模型，很快就有专业判断了。**"

Elva 对姐妹们一字一句地说："那一刻，我突然发现，'发展'并不是自己面临的最大挑战，'生存'才是。**高维世界的文明毁灭你，与你无关。**"

最后一句话来自《三体》，"五朵金花"都沉默了……她们曾经豪情壮志，却突然发现自己引以为豪的专业没有任何数据化依托。问题是，缺乏数据依托，人力资源专业还是一门专业吗？

"五朵金花"的故事，也是大多数 HR 的故事，这不仅是人力资源专业的尴尬，更是企业和老板的无奈。人力资源专业缺乏数据基础，似乎是一切的根源。但我要提醒的是——数据重要，却不要为了数据而数据。

企业获得的人力资源数据，是对人力资源专业深度理解后自然而然的结果。这种深度的理解，应该来自人力资源效能这个视角，只有从这个视角切入，人力资源数据才会成为推动经营的"利器"，否则就只会是让 HR 们自嗨的"花瓶"。

正是基于这一理念，我规划了"穆胜人效三部曲"的出版计划，持续阐述我在人力资源专业上的全新世界观。

在 2021 年出版的《人力资源效能》[一]一书中，我初步引入了人力资源效能的概念，阐述了这个概念对企业人力资源工作的战略级作用。事实上，确定企业的人力资源效能追求，就是在制定人力资源战略，就是人力资源工作推动经营的支点。在此基础上，我引入了人力资源经营价值链模型，说明了"（选用育留）职能—队伍—效能"的因果链条。我的方法论建议是，通过这个链条制定人力资源战略地图，而后将地图里的每个部分量化，就能够形成精准监控人效变化的"人力资源效能仪表盘"（HR efficiency dashboard，HED）。

在这本《人效管理》中，我依然坚持人力资源效能的核心地位，但也给这个知识体系带来了新的内容：一是以更纯粹的生意语言来描述人力资源专业；二是为这个方法论体系注入了更纯粹的数据化逻辑。就前者来说，人力资源的选用育留不再是标准或规范，而是应该完全服务于生意，必须产生经营价值；就后者来说，从制定人力资源战略，到延伸出人力资源战略地图，到细化为人力资源战略规划，再到人效管控和职能优化……都不再允许基于经验进行单纯的逻辑推演，而是应该完全基于数据进行精准诊断和干预。这意味着，本书旨在将人力资源专业由过去的"专业语文题"，变成更加彻底的"经营数学题"。这也意味着，本书将要把读者进一步从"理念"带入"实践"。

本书分为三个部分。

[一] 本书已由机械工业出版社出版。

上篇是"人效管理理念"。介绍了人效对企业经营的重要意义，明确了关注人效是驱动企业的重要抓手，赋予人效管理以经营意义，明确了人力资源专业应该且可能创造经营价值。在此基础上，通过辨析人效管理的误区和梳理人效管理的三个难点，勾勒出了人效管理的模式框架。

中篇是"人效管理方法"。介绍了人效管理的"数据诊断—战略制定—人效规划—队伍规划—职能规划—人效管控"六部曲方法论。其中，每一步都基于严谨的工具模型和数据分析，推演出下一步的行动方向。从数据到行动的逻辑，也让人效管理成为一台精密的仪器，使HR们能够以人效为支点来推动经营。

下篇是"人效管理实战"。介绍了企业如何将人效管理的理念和方法运用到实践中。我们考虑企业的意图和实际情况，给出了从简洁到完整的几种模式选择，同时给出了导入人效管理的完整步骤，并在每个步骤上提示了风险。

除此之外，我还精心选择了三篇文章作为附录。

第一篇用26家大厂的数据，揭示了业界标杆们对于HR数字化能力的要求，实际上就是在提醒涉足这个专业的老板和HR们不要再恐惧"数学题"，因为趋势如此，避无可避。第二篇用一个人力资源数据化的指标范例（人才成长指数，TDI），说明了应该如何推动人力资源由"语文题"变成"数学题"，实际上是为了打消老派专业人士关于"人力资源领域能否实现数据化"的疑问。第三篇则给出了一个成功的企业（谷歌）案例，说明了先锋者是如何破解人力资源数据化难题的，实际上是为读者注入信心，让大家感觉"不妨试试，我们应该也可以做到"。

　　这三篇谈人力资源数据化的文章，与本书主题高度一致。我们确信，只有在数据中寻找真相，才能发现人效提升的巨大空间。人效管理，从本质上看是一场与数据亲密接触的游戏！

　　读完全书后，读者们不妨再重读"五朵金花"的故事，将自己代入角色。想想，如果你拥有本书提供的方法论，能否把五类尴尬变为机会，为这些僵局带来新的变化？

HR EFFICIENCY
MANAGEMENT

目 录

前言　五个典型 HR 的命运

上篇　人效管理理念

第一章　人力资源效能的经营意义　　　3
　　经营的双效逻辑　　　4
　　人效的经营意义　　　7

第二章　人效管理的四个误区与辨析　　　12
　　误区 1：人效管理一刀切　　　13
　　误区 2：人效管理做龟缩　　　16
　　误区 3：人效管理新瓶装旧酒　　　19

	误区4：人效管理事后算账	20
第三章	人效管理的三大难点与突破	23
	难点1：理解业务之难	24
	难点2：理解队伍之难	26
	难点3：理解职能之难	29
	数据穿透人效管理	31
第四章	人效管理的两条突破之路	35
	谁在回避人效	36
	突破1：老板要突破僵局	38
	突破2：HR要突破心魔	39

中篇　人效管理方法

第五章	组织与人力资源数据诊断	45
	人力资源专业数据化	46
	人力资源经营价值链	48
	人效经脉构成战略地图	51
	人力资源效能仪表盘	58
	人力资源数据化的IBR	64
	人力资源数据化的三个伦理	67
第六章	人力资源战略制定	71
	人力资源战略分类	73
	决策点1：北极星指标	77

决策点 2：建队思路	81
决策点 3：战略选择	89

第七章　人力资源效能规划　　99

人效规划是什么	100
步骤 1：业务分类分级	103
步骤 2：确定人效指标	107
步骤 3：确定人效目标值	109
步骤 4：向内分解人效标准	113

第八章　人力资源队伍规划　　116

数量规划：人才缺口	117
结构规划：组织构型	118
素质规划：人才画像	124
人才供给计划	128

第九章　人力资源职能规划　　132

人力资源职能优化的僵局	133
激励型战略的人效公式	137
赋能型战略的人效公式	140
人力资源战略地图新视角	145

第十章　人力资源效能管控　　149

人效包干：先放后算	150
精准核编：先算后放	152
动态管控	154

下篇　人效管理实战

第十一章　人效管理的三种选择　159

  选择1：人效管控方案　160

  选择2：人效提升方案　162

  选择3：人效管理体系建设方案　164

  三种方案的选择逻辑　167

第十二章　人效管理的实施方案　170

  第一步：老板理念澄清　171

  第二步：数据思维引导　173

  第三步：局部打样试点　175

  第四步：方法萃取沉淀　177

  第五步：全面实施固化　179

附录A　26家大厂对HR的数字化能力要求　182

附录B　以人才成长指数衡量企业的人力资源专业水平　191

附录C　谷歌开始将人力资源专业变成数据科学　200

参考文献　209

上篇
HR EFFICIENCY MANAGEMENT

人效管理理念

大多数 HR 将人效管理看作人力资源专业的一个分支，这显然是个极大的误解。假设我们格局更大一点，跳出专业视角来看生意，就会发现人效实际上是生意的两个本质之一（另一个是财效），甚至是更加重要的原点。换言之，以人效为支点，人力资源专业可以推动经营。

这种定位上的误解，造成了 HR 们对于人效管理的误解。形象点说，他们做的是"人力资源+人效"，是用人效一词包装传统的人力资源工作，而不是"人效+人力资源"，以人效为核心来做全新的人力资源工作。于是，人效管理被解读为各种畸形的人力资源政策，概念很好，但却始终落不了地，强行引入，反而让企业进退维谷。

仔细分析，人效管理之所以如同"概念车"一样不能上路，根本原因在于其落地存在几大难点。HR 们即使想做真正的人效管理，他们在理解业务、队伍和职能上，也存在几道天堑。这种短板和人力资源专业的传统逻辑有关，短期内很难改变。这意味着，人力资源专业需要系统变革。

为了实现这种变革，老板和 HR 们需要共同发力。一方面，老板不能"等、靠、要"，要主动突破僵局，把自己对于生意的理解贯穿到人力资源工作中，牵头建立人效管理体系。另一方面，HR 们要突破心魔，摒弃传统的人力资源管理理念和方法，洞见终局，立即行动，勇敢地迎接新未来。

HR EFFICIENCY
MANAGEMENT

第 一 章

人力资源效能的经营意义

经营和管理是一个硬币的两面。抛开经营谈管理,管理就变成了无的放矢的假招式;抛开管理谈经营,经营就变成了缺乏根基的机会主义。

任何一个伟大的企业,都善于用管理的逻辑来穿透经营。人力资源效能(HR efficiency,简称"人效"),代表在"人"这门生意上的投产比,体现为人均营收、人均利润、人工成本投产比等指标。在这个互联网与数字化的时代,人效既是管理水平的体现,又是撬动经营的支点。

人效具有管理意义,这个不言而喻,但要说人效具有经营意义,大多数人也许并没有想清楚这个道理。让我们从生意的本质谈起吧。

经营的双效逻辑

任何企业的经营管理都可以归结为三流:业务流、人才流、资金流。

做生意本质上就是基于业务流的推进,合理配置人才流和资金流。所有老板的生意逻辑都可以归结为两点——人效逻辑和财效逻辑,说白了,就是老板愿意用什么样的人力和财务投入去换取什么样的业务结果(见图1-1)。

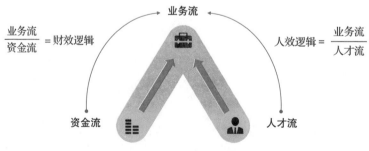

图1-1 生意的三流两效

资料来源:穆胜企业管理咨询事务所。

在大多数企业里，老板并不会披露自己明确的双效逻辑，但这并不意味着他们没有双效逻辑，而是人力和财务两大职能体系不够健全，没有探测到这类关键信息。试想，如果生意的本质就是如此，而两大职能体系（主要是人力）长期没有触及这类指标，没有从这个角度思考工作，那么，它们还能被称为推动生意的引擎吗？难怪，大量老板都将这类职能体系定义为"后勤"。

现实中，老板永远会给出含糊不清的说辞："钱和人要投入得少，产出一定要多。"老板、人力、财务都知道这是不太可能的，但任何一方都无法打破这个僵局，为企业带来新的变化。

公平地讲，要打破僵局更多的还是人力和财务两大职能体系的任务。它们应该帮助老板梳理清楚双效逻辑，并基于对业务的理解（将业务翻译为数字），按照双效逻辑来配置人财两类资源。现代企业基本都存在诸多业务条线，而在生命周期的每个时点上又都面临巨大经营压力，如何让每个组织模块在每个时点上协同作战，产出整体让老板满意、让生意充满活力的效能，的确是一道"巨型的难题"。当然，这也是人力和财务两大职能体系的价值所在。

好的企业能够实现业绩起飞，都要依赖一体两翼："一体"是业务流，由CEO（首席执行官）、COO（首席运营官）、CMO（首席营销官）、CPO（首席产品官）、CGO（首席增长官）等引领，其中以CEO为主；"两翼"是资金流和人才流，由CFO（首席财务官）和CHO（首席人力资源官）引领。正是基于这个逻辑，我将CEO、CFO和CHO称为"C3铁三角"（见图1-2），认为这个三人组决定了生意的底色。

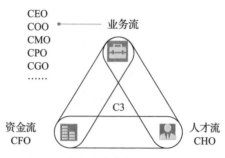

图 1-2　决定生意底色的 C3 铁三角

资料来源：穆胜企业管理咨询事务所。

对 C3 的成员（以及他们背后的团队）来说，他们显然面临一个挑战——跨越专业。说到底，仅仅基于自己的专业认知来发挥专业价值，本身就是一个伪命题。他们必须从自己所在的一"角"，跨越到另外两个"角"上，才能够基于生意全貌来重新思考自己的专业，才能够真正推动生意，产生经营价值。

举例来说，CHO 过去被认为是人力专家，仅需精通人力资源专业即可；现在，他必须同时精通业务和财务，因为他配置人才流的方式，必然受到业务流和资金流的约束。过去，HR 们喜欢就人才队伍谈人才队伍；现在，他们必须先谈业务，再谈资金，最后才谈到人力。

再以 CEO 为例。过去的 CEO，不少实际上就是一个大销售（Top Sales）、大研发或大产品；现在的 CEO，如果不谈组织和财务，那么你几乎可以肯定他"段位不够"。说白了，业务上你想做的事情多了，但人才流和资金流支持吗？

财务和人力这"两翼"，人力格外重要。在这个互联网与数字化时代，人是企业资源流转的中心，营收、成本、费用等财务指标都是以人为中心在发生的。不同的人，应该配置不同的弹药（钱），让他们去打不同的仗（业务）。我们基于 A 股上市公司的大样本研究结果[一]进一步证实了这种观点。研究显示，在互联网属性的企业里，人效每变动 1 个单位，财效会同向变动 4.33 个单位。考虑到当下互联网已经成为经济的重要组成部分，人效的这种杠杆效应也很大程度上适用于泛行业。

当前如火如荼的数字化转型，本质上也是为了实现三流在线，基于算法迭代来让双效逻辑逼近最佳状态，从而推动经营管理。大多数企业在推动数字化转型时没有想明白，它们不会先明确自己的双效逻辑，尤其是人效逻辑，而是希望通过数字化工具的导入来"包治百病"。这样的方式只会形成隔靴搔痒的效果，并不是正途。反过来说，如果企业破解人效逻辑的密码，就等于打开了"数字化之眼"。

人效的经营意义

当前，企业对于人效的重视显然还不够，因为它们没有完全理解人效的经营意义。

先从动态视角看。按照企业的一般规律，业务流与人才流具有典型的"错峰性"（见图 1-3）。这体现在两个方面：一方面，机构与人力的新建跑在业务的前面，这个道理很简单，有了机构和人力才能做事，最开始一定会有一段"磨合期"；另一方面，机构与人力的消解又跑在业务的后面，这个道理同样好理解，当业务下滑时，业务部门并不会在第一时间调整队伍，而是会坚持跑一段时间，这形成了一定的"怠速期"。

[一] 见《人力资源效能》一书中附录 2A"管理双杀效应真的存在吗：基于两个行业 168 家上市公司的证据"。

图1-3 业务流与人才流的两种"错峰"

资料来源：穆胜企业管理咨询事务所。

其实，企业在进退之际的两种错峰里都会形成人效下跌，这就是经营的风向标，而人力资源部的干预能力体现了专业水平。如果能够回弹，那么就证明干预有力；如果不能回弹，企业就会走向衰败。一些企业就是没弹回去，结果就一蹶不振了。如果有兴趣，不妨把苏宁、海航等企业的数据拿来分析，不要用宽口径人效[⊖]，而要用主营核心业务的业绩和人力投入计算人效，你会发现它们的现状其实早就有信号了。

人效的两种错峰需要"干预"，但并不是说要一刀切式地严控人效。这里的"干预"有两个要点。

一是制定特殊的"驱动性人效指标"（driving HR efficiency，DHE），即对于投入和产出都要用更加前瞻性的指标来衡量，而不是参考滞后性的指标。

举例来说，人工成本报酬率（=利润÷人工成本）就是一个相对滞后的指标，而人均营收（=营收÷人数）就是一个相对前瞻的指标。

⊖ 关于宽口径人效和窄口径人效（核心人效），详见本书第七章。另在《人力资源效能》一书中也有阐述。

进一步看，如果能够找到营收中的核心部分作为产出，再找到人数中的核心团队作为投入，就可以得到一个更加敏感的指标。

现实情况是，如果以滞后指标来衡量，这门生意肯定没做好、不划算，人力投入就应该被砍掉。但生意是动态的，如果我们能够看到这门生意的前景，就可以根据这个前景来配置更有希望的人力投入，这就保存了"有生力量"。

二是对于人效指标的目标值要适度放松，要在一定时间里给予一个更低的人效空间。

举例来说，某连锁经营的企业，在"敌占区"里市占率并不占优势，经营业绩自然举步维艰。传统 HR 的思路是收缩人员投入，以保持人效，但这样的结果是瓦解了队伍战斗力，导致市占率进一步下降。合理的方式是，基于对手的人效水平，在一定时间内放出一个更低的值，形成"兵力"上的超配优势，争取打个"翻身仗"。

说白了，业绩已经处于低水平，如果人力继续配置不足，就会继续"怂下去"，还不如"搏一搏，单车变摩托"。要强调的是，这里还要考虑建队思路和激励匹配等问题，不是光豪放地增人数就可以了。

进一步看，对于人效的管理，应该收放自如。这里"放"了，在什么业务上"收"回来？集团应该有个整体的人效要求，应该有更大格局的思考。

再从静态视角看。这个时代的生意本质上是通过人效杠杆来获得成功的。在《人力资源效能》一书中，我已经阐述过人效对于市值和财务效能等诸多方面的"经营影响"。这里，我们不妨将这些影响用因果关系串联起来，这样就可以发现人力资源专业以人效为支点，在经营层面产生的影响。

老板在解构生意时，都喜欢关注两类数据：一类是营收和利润规模，另一类是估值或市值。但是，如果不能将数据穿透到组织层面，其宏图大志就可能变成空中楼阁。完整的逻辑链条应该是先有市值规划，再有经营规划，再有财效规划，最后有人效规划⊖（见图1-4）。这个链条应该是完整的，顺着推导或反着推导都能够成立。

很多企业都没有推导过这种逻辑，老板对于营收、利润、估值、市值的数据张口就来，其财务和人力的投入根本无法支撑这些数据。换句话说，要达成业务流的理想状态，其资金流和人才流是根本无法匹配的。

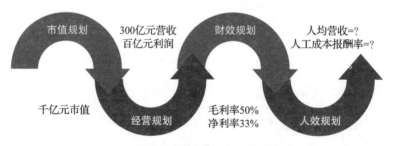

图1-4 从市值规划到人效规划

资料来源：穆胜企业管理咨询事务所。

老板应该明白，大多数战略都是在追求相对优势的放大，并不可能点石成金，另外，战略的执行也不可能脱离组织。所以，业务流的推进必然需要资金流和人才流的匹配。资金可以通过股债两种方式来

⊖ 人效规划之后开始进入人力资源专业的工作范畴，后续依次是队伍规划、职能规划。人效规划、队伍规划、职能规划分别在本书第七章、第八章、第九章进行详细阐述。

解决，但人力资源呢？

人力资源问题一般的解决方式有两种。

一种是增加人力资源数量。但请记住，人力资源不像资金一样可以"即拨即用"，它在很大程度上是内生的，即使外部引入，也需要令其融入组织才能发挥战斗力。企业不可能完全通过增人这种方式解决人才流紧缺问题。

另一种就是提升人力资源效能。这是企业在制定宏伟的战略目标后，自动进入的"解题模式"。人效对于经营的意义非凡，这种逻辑关系也得到了不少老板的认可，他们认为，尽管人力资源有限，但自己的人效可以提升。但问题是，他们究竟为人效的提升做了什么？如果没有科学的人效管理，凭什么自己企业的人效能傲视行业呢？

生意的逻辑始终是严谨的数学题，老板可以遐想"大杀四方"，但数学逻辑也许并不支持。1+1 永远等于 2，不可能因为你有情怀，答案就等于 3。

HR EFFICIENCY
MANAGEMENT

第 二 章

人效管理的四个误区与辨析

第二章　人效管理的四个误区与辨析

2012年年底,"人力资源效能"一词突然引起了实践界的高度关注。随之而来的,是对于"人力资源效能管理"(以下简称"人效管理")的诸多探索。但遗憾的是,时至今日,依然鲜有企业可以称得上人效管理的标杆。关于人效管理应该是一种什么样的管理模式,依然是众说纷纭。

我发现,有几类比较流行的观点可能大大误解了人效管理,非但不能为人力资源专业带来积极的变化,还会导致不必要的危险。反过来说,如果我们辨析了这些误区,就有可能对人效管理产生更有深度的认知。

误区 1:人效管理一刀切

通常,我们很容易让老板认识到人效的重要性,而后,他们会将这种压力传递给 HR。不出意外地,老板们会说:"我们公司的人效在行业里排名如何?如果不是领先的,我们就应该马上做出改变!"

于是,老板提到的那几个人效指标成为一个在人力资源工作上压倒一切的存在。以老板要求的这个人效水平作为工作目标,HR 们开始疯狂抓人效。最直接的方法有两种:一是以这个人效水平来严格核定各个组织模块的编制;二是直接把人效指标包干下去,再按照这个人效水平进行强考核。

其实,这两种方法本身并没有错,错在对于人效"一刀切式"的理解[一],进而导致了僵化执行、转嫁人效这个新 KPI 的恶果。这看似一

[一] 本书第十章对于人效管控的正确方式有详细论述。

种最安全的方式,实际上却是一种最没有才华的方式。实际上,HR没有听懂老板的诉求,用执行上的勤奋掩盖思维上的懒惰。

首先,老板关注的那几个人效指标对吗?

大多数老板选择的人效指标简单、直接,即用营收或利润除以人数,得到人均营收或人均利润这类简单指标。但通过"穆胜人力资源效能矩阵"(Moo HR efficiency matrix)⊖可以发现,人效至少有几十种算法,如图 2-1 所示。

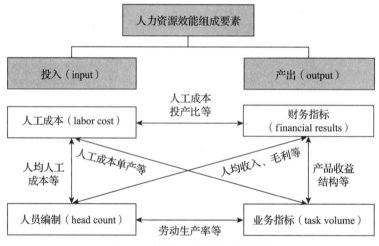

图 2-1 穆胜人力资源效能矩阵

资料来源:穆胜企业管理咨询事务所。

人力资源的投入主要用人工成本(labor cost)和人员编制(head count)两个口径来衡量,而人力资源的产出则主要是业务指标(task

---

⊖ 在 2018 年 6 月 23 日,我在《中外管理》杂志举办的第 12 届中外管理人力资本发展论坛上发表了名为《人力资源战略地图:跨越人力资源动作到经营结果的彩虹桥》的主题演讲,正式披露了这一模型。后续,拙著《激发潜能:平台型组织的人力资源顶层设计》《创造高估值:打造价值型互联网商业模式》对该模型也有阐述。

volume）和财务指标（financial results）。由此，按照"产出/投入"的方式，我们可以导出若干人效指标。例如，在财务指标中选择"营业收入"，除以"人工成本"，就得出了"人工成本投产比"的指标。再如，在财务指标中选择"利润"，除以"人工成本"，就得出了"人工成本报酬率"的指标。

显然，不同的企业做不同的生意，应该关注不同的产出和投入，一刀切地套用一个人效指标也许并不合理。企业思考过这个问题吗？

其次，行业里的人效数据有参考意义吗？

当企业根据自己的生意选择了合理的人效指标，它们能用这个指标直接和竞争对手企业比较吗？要知道，相当一部分企业就是这样做的。但即使在同一个行业里，大家的竞争战略、业务模式、发展阶段、建队思路也不同。所以，这种在宽口径人效上的比较，参考意义真的不大。

例如，行业里有的竞争对手企业的某部分员工可能是外包的，这种宽口径比较就失去了准头。再如，有的竞争对手企业在上市之前努力做大流水，比较它的人均利润就没有意义。将行业数据进行过滤，而后得出有意义的参考人效指标（来进行对比），本来就是一件高难度的事情。在我们的视野里，能够完成这件事情的企业着实不多。

最后，即使找到一个可以参考的人效指标，又真的应该用它考核所有部门吗？

企业的人效要求还得下沉到每个业务单元的每个组织模块上。有的企业处理方式堪称简单粗暴：对于前台业务部门，直接按照公司人效指标来考核，例如要求它们的业绩必须高于公司的人均利润目标。对于中后台部门，按照一定的空间来核定总编制，并尽量压缩各部门的增编需求。但是，每个组织模块的功能定位不同，团队结构不同，发展阶段不同，人效自然不同，它们的人效指标一定不同，例如，初生业务部门的人效要求难道应该和成熟业务部门一样吗？再如，研发部门的人效指标难道应该和业务部门一样吗？

当人效标准不清晰，人效管理就成了编制分配，和以前的做法没有太大区别。区别仅在于，HR控制编制似乎有了"尚方宝剑"。但以缺乏说服力的人效标准作为控制编制的理由，各个组织模块与人力资源职能之间必然产生更大的矛盾。

现实中，正是因为人效管理的这种复杂性，不少企业在雄心勃勃地喊出"人效"口号后，又纷纷黯然偃旗息鼓。原因很简单，人力资源部用一刀切的方式来回应老板的人效管理要求，造成了人力配置上的若干"昏招"，导致各个部门怨声载道，最后自然就不了了之。HR好像对老板有了交代——"您要抓人效，我们已经做了呀"。老板好像也无能为力——"人效好像很难抓起来，算了，缓一缓"。

人效管理没有错，错在这些企业曲解了人效管理。**相当一部分不想改变的HR没有决心去读懂业务，只把人效当成一个强管控权力或理由，自然没有心思去解这道难题。**

误区2：人效管理做龟缩

对于传统的人力资源专业来说，人效无疑是个新事物，而对于未知的恐惧则是所有人的本能。前几年,每当我提到人效或人效管理,企业里 HR 们的反馈出奇一致——"我们干预不了人效指标,我们只能减少人员或人工成本,而对于收入利润等产出指标却无能为力。"他们害怕这个自己驾驭不了的指标成为反噬自己职业价值的"潘多拉魔盒"。

人效是各类产出除以人力投入,是一个投产比概念。从数学逻辑上看,要提高这个指标有两个途径:一是提升各类产出,二是降低人力投入。所以,这部分 HR 的观点似乎没错。但如果回到生意的逻辑,人效是强调以人力投入推动各类产出,人力投入和各类产出之间并不是独立的关系。这样看来,这部分 HR "抓一头"的观点似乎就有些保守了。他们没有意识到,当他们抛出这类观点时,他们就已经与经营无关了,只能被锁死在后勤定位上了。按照这种思路进行极端假设,很容易就能看出问题——难道把人数减到一个,人效就能变得最高吗?

其实,按照这种保守的思路发展,人力资源专业非但不会进步,还会出现倒退,就像是某些企业极度保守的财务部。

某些企业僵化的财务部砍预算时基本只会问三句话:第一,这件事做了是不是马上有回报?第二,这件事为什么要用供应商做,自己为什么不能做?第三,这件事过去不是已经做了吗,为什么还要做?说白了,就是不管业务需要,任何成本费用都不想支出,一顿狂"砍",并把这样的姿态认为是尽职[⊖]。

⊖ 有意思的是,不少老板还很欣赏这样的财务部门,认为是帮自己守好了家业。但殊不知,这样的财务部可能是企业发展的最大制约。当然,同样的道理也适用于人力资源部。成本费用要砍,但应该砍得有水平,不能把孩子和洗澡水一起倒掉。

不妨想想，人力资源部如果秉持保守思路，是不是也会进入这种路数？这样的职能部门，究竟是经营的发动机，还是经营的路障？在我的观察里，确实存在某些企业的人力资源部为了追求一时的高人效（完成自己的KPI），非理性地"龟缩式"裁撤人员，导致团队被破坏，耽误了业务的发展。

在大刀阔斧地砍编制的同时，他们可能振振有词："公司的相当一部分人都是不产生价值的，缺了他们企业效率会更高。"的确，所有企业都会有这样的冗员，但问题是，你怎么知道哪些人是冗员？这正如营销界的一个经典段子："我知道广告费浪费了一半，但我不知道是哪一半。"于是，下次还得继续投入。人力资源也是一个道理，如果不能识别业务需求，HR们闭着眼睛做龟缩的理由根本就不成立。

我曾在《激发潜能：平台型组织的人力资源顶层设计》[一]一书中提出，规模是进攻的底线，效能是防守的底线。显然，只要防守，不要进攻，用减少人力投入的方式来追求人效，就是"龟缩"。

其实，即使只谈人效概念，也不应该仅仅是防守导向。**人效强调以合理的人力投入推动各类产出，其本质是一种"精实增长"式的进攻导向**。显然，在宏观经济进入存量时代的背景下，人效管理对于企业意义非凡。

平庸的HR紧盯人效，生怕老板多投了一个人，影响自己的KPI达成，他们做的是"人效龟缩"，而优秀的HR紧盯业务，不断寻找生意的机会，帮助老板下决心用大资源赌大未来，他们做的才是"人效管理"。

[一] 本书已由机械工业出版社出版。

误区3：人效管理新瓶装旧酒

当前，人效管理热度的确惊人。穆胜企业管理咨询事务所（以下简称"穆胜咨询"）2020年和2021年的两份《中国企业人力资源效能研究报告》显示，70%左右的老板和高管在各种场合频繁提及人效。显然，这个概念已经成为他们衡量人力资源工作优劣的核心指标。

于是，不仅企业开始探索，各类咨询机构也开始跟进这个主题。但仔细分析就会发现，市面上大多的方法论依然是"新瓶装旧酒"。拥护者的理由看似很有道理——人力资源专业的目标不就是让人发挥出更大的作用吗？这不就是追求人效提升吗？所以，他们默认所有的人力资源动作只要足够专业，都会产生人效结果，以人效为由头重新包装过去的选用育留套路，就成了看似不错的选择。

但这显然是错误的。

一方面，人效不是一个指标，而是一个指标库，每个企业（甚至它们的每项业务、每个部门）应该选择关注的人效指标必然不同。

按照前面提到的"穆胜人力资源效能矩阵"，单说宽口径人效指标就有数十种，更别谈基于企业情况定制的窄口径人效指标。如果有人兜售一个通用的人效指标组，告诉你这就是所有企业都应该关注的，那么，他多半没有搞懂人效管理这个新兴的专业。

另一方面，基于不同的人效指标，需要选择的队伍状态和（选用育留等）职能运作也是不同的。

举例来说，人均营收是一个偏进攻的人效指标，而人工成本报酬率是一个偏防守的人效指标。在这两个指标中，一定有一个对于企业更加重要，这也决定了企业今后的人力资源工作的方向。前者可能导致企业的人力资源工作大开大合,而后者可能导致企业的人力资源工作"精耕细作"。

人效管理是一台精密的仪器,队伍状态和职能运作好比其中的齿轮,任何变动,对于仪器的状态都有明显影响。这和传统的人力资源专业理念显然不同。以前是假设人力资源专业可以带来组织能力,默认按照一定的标准来做选用育留就一定对企业有益。但现在不同,选用育留依然有标准要遵循,但更应该有个性化的操作方向,而且并不见得所有操作方向都能提升企业关注的人效指标,有些操作方向反而对这些人效指标有负面影响。换个更形象的例子,传统人力资源管理相当于在给企业"吃补药",现代人力资源专业则相当于在给企业"精准诊疗"。

举例来说,某个处于初创期的企业锁定了人均营收作为人效指标,但在人员招聘上却为了节约人工成本而大量引入生手,在绩效考核上更关注了大量过程类指标……用精耕细作的操作方向来支持大开大合的人效指标,结果自然是驴唇不对马嘴,人均营收这个指标表现不佳是必然的。

在这个误区上,有的人是"真不懂",有的人是"在投机"。只要没搞懂人效背后的数理关系,不懂得操作这台精密仪器,人力资源部还是无法站到 C 位。

误区 4:人效管理事后算账

人效管理带来的一个好处是,人力资源专业变得更数据化了。于是，分析人效成为人力资源专业的新时尚，以数据为依托，HR们看似也专业了不少。但仔细想来，分析了人效之后，HR们后续的人力资源工作会有所不同吗？还是会一切照旧？如果人效分析仅仅停留在"事后算账"，那么，这种分析可能就是无效的，建立在这种分析基础上的"专业"可能也是一个误区。

人效只是一个结果，就结果分析结果毫无意义。人效分析更大的作用在于发现问题，发现人效的驱动因素和改进机会。在我提出的"人力资源经营价值链"模型里，"职能—队伍—效能"是一个完整的框架因果链，要想获得人效的提升，必须在队伍和职能层面有所作为。所以，**人效分析不应该只停留在效能层面，而应该通过数据线索深入队伍和职能维度**。

实际上，这个领域就是大家关注的"数据化人力资源"，但这个领域的难度超过了大多数人的想象。在我开设的"数据驱动人力资源效能提升"课程上，总是有学员提出这样的诉求："穆老师，别整这么复杂，直接给我您研究出来的指标体系，我拿回去自己算算我们企业的情况。"有的人想得更简单："穆老师，给我们一两个标杆企业的指标体系吧，我们直接对标就可以了。"

在这类学员的眼中，传统人力资源管理和人效管理之间，唯一的不同就是有没有指标来计算出数据。但现实是，即使我给出了几十种实用的指标算法，真正能用起来指导企业实践的还是屈指可数。当然，如果他们只想用指标让自己的专业看起来很唬人，这个目标还是很容易达到的。

正如前面谈到的，人效管理是一台精密的仪器，而每个企业的仪器必然是不同的。所以，企业要获取自己所需要的指标体系，必须找到自己的这台仪器，这必然是一个逐渐优化迭代的过程。

实践中，我们都是基于海量的数据盘点，找到1~3条我所称的"人效经脉"，再基于人效经脉的组合，为企业制定出人力资源战略地图，并量化为人力资源效能仪表盘。在这个流程里，每往前推进一步，都是在去粗取精、去伪存真、由此及彼、由表及里……逐渐接近真相。

什么是人效管理需要的真相？说简单点，这种"真相"就是发现了以前没有发现的问题，并且看到了解决问题的具体方法，以至于让人马上就想付诸实践。说形象点，就是搞懂了这台仪器的玩法，知道动了某个按钮就会产生自己期待的变化，以至于马上就想动手去调整。反过来说，没有让人产生这种感觉的分析，都是在事后算账。

要真正实施人效管理，必须有数据研究上的沉淀与功力。而数据，只是深度理解业务和人力资源专业后自然而然的结果。要达到这种境界，没有大量研究人员以数据科学家的姿态扎进去，很难形成突破，所谓"华丽的指标"只会变成没用的装饰。

HR EFFICIENCY
MANAGEMENT

第 三 章

人效管理的三大难点与突破

上一章谈到了对于人效管理的诸多误解。各界诸多探索，反而误入歧途，本质上还是因为人力资源专业的三个难点。可以说，这三个难点就是人力资源专业进化之路上的三道顽固屏障，但凡 HR 对于任一难点没有突破，人效管理的模式都无法落地。

难点 1：理解业务之难

对于业务产出的理解不足。

所有企业的业务都可以分为两类：一类是利润池，另一类是增长引擎。对于前者，计量其经营损益即可，这个相对客观；对于后者，必须贴现计算出战略损益，这个就需要理解公司的战略。

关于战略损益，我有个简单的定义：这里没有赚到钱，但在那里可以赚到钱的业绩；今天没有赚到钱，但明天可以赚到钱的业绩。

举例来说，销售产品时的"搭售"，A 产品不赚钱，但 B 产品赚钱。再举例说，一个平价促销行为吸引了大量的流量，这个促销行为在今天没有赚到钱，但明天正常价格销售其他产品时，这些流量就多多少少会转化为利润。两个例子中，前一个业务都没有产生利润，但都产生了战略损益。只有预估出战略损益，才能客观评价此类增长引擎业务，这就要求 HR 必须懂业务。

对于利润池业务，利润产出的规律完全不同。有的业务是一级利润池，有的是二级利润池，有的是三级利润池。这就好比，你不能用百米速度来衡量马拉松选手的水平，也不能用马拉松成绩来衡量一个短跑选手。要掌握利润的产出规律，还是要懂业务。

大部分 HR 很难做到"懂业务"这一点，他们基本都被排除在公司的关键业务决策之外。有的 HR 一把手名义上是 EMT（经营管理团队）成员，但实际上就是一个菜品上的"摆盘"。他们能进 EMT，源于老板的面子，在这类老板的思维模式里，好像不把 HR 一把手放进 EMT，就说明自己不够重视组织似的。

因此，我们会在企业内重复多次看到以下场景。老板在每项决策的最后，都问问 HR 一把手："我们的人才队伍能支撑这项业务吗？" HR 一把手毫无例外地会说："人才不足呀。"老板一定会说："人才不足，这个业务也得上呀。"这种对话毫无意义，双方都活在自己的世界里，完全不符合我们前面谈到的 C3"跨越专业进行思考"的时代要求。

也不能只怪 HR 不懂业务，事实上，在不少企业，老板也没有把战略弄明白，在他们的眼中，"所有业务都是战略级业务，都不能亏钱，赚多赚少另外讨论。"这类说法实际上就是没有清晰的战略。而没有战略作为底层逻辑，那应该如何定义业务呢？要让 HR 比老板还懂战略，未免有点强人所难了。

有的老板还在不知不觉中偷换了"懂业务"的概念。他们要求 HR 了解业务的每个细节，比业务员还懂业务，甚至还能自己上手做业务。但如果这样，为何不让 HR 直接去做业务呢？这明显是更好的人岗匹配。其实，HR 以助力业务为目的，他们的"懂业务"应该体现在两个层面上。

一是听得懂业务语言。具体体现在能与业务部门对话，知道对方说的是什么，不需要对方再解释业务术语，这是基本要求。

二是能理解业务规律。将业务作为一门生意，能够理解各个指标之间的联动关系，知道不同产品的重要性分布、不同产品之间的销售联动关系、客户数和流水之间的关系、流水和营收之间的关系、营收和利润之间的关系、利润和现金流之间的关系……这意味着，业务部门的每一个动作，HR 都能判断出对于经营的大概影响；业务部门负责人的每种经营思路，HR 都能够抓到关键指标。千万不要出现这种现象：业务部门拼命做客户数，HR 还在拼命考核人均利润。

遗憾的是，即使我们厘清了"懂业务"的定义，能够做到这点的 HR 还是太少了。

难点 2：理解队伍之难

对于"队伍"的理解不足，"队伍"即"组织 + 人才"。

"组织"代表组织构型（organization architecture），包括横向的商业模式，纵向的业务流程，整体的组织结构，个体的岗位系统。"人才"则是分布于组织构型中的个体。

具体来说，队伍建设有三个层面的工作。

第一层是将商业模式翻译为业务流程，再翻译为组织结构，再翻译为岗位系统。这是一个从宏观到微观的分工过程，极大程度上决定了队伍的效率。

第二层是基于这种翻译，在每一个维度的设计上，让公司相对于竞争对手具有起跑线上的优势。比如说，一般餐厅的服务员岗位只需要完成基本的服务，而海底捞的服务员是一个用户交互的界面，拥有各类免单优惠授权，能够根据现场感知提供超预期服务。这种定位，让海底捞的服务员在服务水平上具有了天然优势。

第三层是基于起跑线上的优势规划"建队思路",在人才仓的打造上有序推进、定向发力,相对于竞争对手形成田忌赛马的效果。 举例来说,对手在某支队伍上实施了多年的精兵政策,企业已经不可能更有优势,那是战略性放弃这个部分,从其他地方找补,还是用人头数去铺,形成对抗的可能?无论采用哪种建队思路,计算逻辑都应该清晰,从客观的"账面上"看应该是有希望获胜的。千万不要出现这种情况:客观的账算不过来,只要求员工"死磕到底"。这是极度不理性的。

上述三层就是人力资源专业OD人员做的事情。但按照这个标准,市面上有多少合格的OD人员?大多数OD人员,在每层上都在打折扣。

在第一层上,大多数OD人员只管岗位,埋头设计。

但问题是,不基于对商业模式、业务流程和组织结构的理解,他们真的可以定义出岗位吗?一个"深关系"和一个"重产品"的企业,它们的销售岗位职责可能完全不一样,前者应该是一个"客户关系专家",但后者必须是一个懂产品甚至懂技术的"大顾问式销售"。如果没有这个分工基础,后续再怎么抓人效都会事倍功半。

现实中,造成这种尴尬大概有两个原因:

一方面,大多数OD人员都习惯了孤立地考虑岗位,他们对于业务理解的先天不足延续到了这个环节。直到设计出的岗位描述(或对岗位的人才画像)漏洞百出,他们也没有判断出问题的根源。

另一方面,由于种种原因,大多数OD人员并没有和业务部门就岗位设计建立良好的协作界面，长期扯皮。OD 人员认为，业务部门最了解岗位应该如何设计，而业务部门则认为，这是你们需要的文本，你们自己搞定。两种说法都是错误的。在这件事情上，业务部门的价值在于提供直接的需求信息，而 OD 人员的价值在于用方法论提炼需求信息，形成岗位描述。

在第二层上，大多数 OD 人员并不会扫描竞争对手企业，给出创意型的设计。

在大多数 OD 人员的眼中，这些部分很难做出创意。说起来让人无奈，一直主张自己岗位价值的 OD 人员，从内心认为自己的岗位难以提供价值。但事实上，只要他们的嘴勤一点，腿勤一点，从竞争对手企业处获得的商业情报就一定大有价值，基于这些商业情报给出的组织设计对于人效的提升大有裨益。

在第三层上，大多数 OD 人员根本不清楚企业的人才分布，自然难以合理规划建队思路。

所谓人才分布，是指人才在组织里是如何分布的：

- 人才队伍中的各项特质中，长板是什么，短板是什么？
- 各支队伍中，哪支队伍是强势精锐，哪支队伍是弱势战力？
- 各支队伍中，哪支队伍可能是决定战局的核心人才仓？哪些队伍是"打辅助"的人才仓？
- 每支人才队伍的成长规律是什么？建设什么队伍见效快，建设什么队伍见效慢？

……

正是基于上述对人才分布维度的理解，OD 人员才能规划出"人才阵型"，决定什么先做，什么后做，每个阶段要给老板什么样的交付。但现实是，大多数 OD 人员几乎从来没有从这些角度审视过企业的人才分布，建队思路自然难以让人满意，全员大培训做得风风火火，培训资源像"撒胡椒面"一样有去无回。如此一来，又何谈管理人效呢？

难点 3：理解职能之难

对于选用育留等人力职能的理解不足。

当企业形成了建队思路，就应该用匹配的选用育留等人力职能去推动，让人力投入形成业务产出。

选用育留是人力资源专业的基本工作，但为什么我会给出 HR 对这个部分理解不足的判断呢？简单说，还是过去将人力资源专业看作"吃补药"的定位，导致了人力资源工作的有效性不足，难以产生看得见的影响。在这种模糊的因果链下，人力资源专业自然越来越"油腻"。

如果一说到某个团队素质不足，就想到要做培训；如果一说到人才供应链失控，就想到要做全员带教；如果一提到做人员汰换，就想到用绩效和价值观的二维矩阵来做盘点；如果一提到需要某些人员就要做人才画像……在我看来，这些都是比较"油腻"的思路。想想，如果十年前就是这种做法，十年后还是，既没有考虑环境变化，也没有进行自主创新，难道不"油腻"吗？

"油腻"是现象，本质是 HR 在两个方面作茧自缚、画地为牢。

一方面，一部分 HR 信奉经典，忽略了选用育留工作的创新空间。 任何专业都有最佳实践，按理说，最佳实践会拓展专业的发挥空间，但人力资源专业的最佳实践却导致专业之路越走越窄。缺乏量化目标的最佳实践，很难在实践中被更新迭代，因为因果链是缺失的。于是，最佳实践变成了一些动作招式，完成动作（而不看效果）就成为最佳实践的全部了。这有点像传统武术，当这个专业不以实战为目的时，一招一式就越来越呆板僵化，越来越像跳舞了。

　　另一方面，一部分 HR 依靠人际交流来获得影响力，根本没有把选用育留工作看成科学。 如果说缺乏创新让选用育留等职能越做越窄，那笃信人际交流则让这些职能在非专业的道路上越走越远。这部分 HR 更喜欢通过与员工的直接交流来建立影响力，并没有把选用育留看作精密的体系设计，某些 HR 甚至错误地认为自己的"情商"是核心竞争力。他们的口头禅是"人是不能被量化的""人是有温度的""管理是非标准化的"……乍一听还挺有道理，实际上经不起推敲。之所以出现这个流派，说到底，还是因为 HR 不相信自己的专业真能产生价值。

　　不妨想想，为什么会出现这第三个难点？说到底，当前企业的人力资源管理体系并不是以人效为核心去建构的。所以，HR 没有必要去了解业务，更可以不太了解队伍（而不被发现），导致第一、第二个难点出现。这也让选用育留各项职能变得"油腻"，导致第三个难点出现。

　　于是，人力资源工作看似被各种最佳实践、名词、模型所包裹，看似异常专业；HR 参加了无数培训班，手握无数证书，看似诸多技能傍身;"江湖"上也门派林立,看似百花齐放……但人力资源专业始终更像是一种缺乏标准答案的"freestyle"(即兴表演),特别容易陷入"自嗨"。

自嗨没问题,拿结果说话,然而人力资源工作的价值又很难出结果,很难验证。所以,HR最后总能被业务部门找点理由来"甩锅"。总结起来,HR的工作实际上就是"自嗨锅"。

数据穿透人效管理

基于上述三个难点,HR很难通过锁定业务流产出来匹配人才流投入,并以创新的选用育留职能来放大这种投产比(人效),人效自然也成了只能被观察而无法被影响的数字。

要改变这种现状,HR必须做到两点。

一是要把对于业务、队伍、职能的理解变成数据。

在商科中,数据化是检验是否理解的唯一标准。说白了,如果你对某个领域深耕多时,你一定能够形成独特的观察视角,一定能够基于这些观察视角给出有穿透力的数据。反之,如果只能用"小感觉"或"大逻辑"来描述专业,那么,就是没有理解。流连"小感觉"的HR,把人力资源专业做成了一门"小手艺";而钟情于"大逻辑"的HR,大多只会坐而论道谈"泛管理"。我相信,在专业领域一上来就谈"道"的,要不然就是大师,要不然就是骗子。

其实,现在的"数据化人力资源"之所以这么热,正是因为"小感觉"和"大逻辑"很难被证实或证伪。"小感觉"是HR很私人的东西,他看得见,别人不一定能看见,而他看见的也可能是假象;"大逻辑"一般都是对的,却无法指导实践。数据是客观的,数据不撒谎,数据直抵真相。

二是要把对于业务、队伍、职能的数据串成一条因果链。

前文提到,在我提出的"人力资源经营价值链"模型里,"职能—队伍—效能"构成了一个完整的**"框架因果链"**(framework of causal chain)。其中,"(人力资源)效能"是"业务"与"队伍"之间的桥梁。每个企业在某个时期都有其特殊的**"人效经脉"**,即若干**"模块因果链"**,这些"人效经脉"组成了"人力资源战略地图"。进一步看,还应该将"人效经脉"具象化、精细化到指标层面,提炼出企业定制的**"人力资源效能仪表盘"**(HR efficiency dashboard,HED),此时就找到了最准确的**"指标因果链"**。我们可以将上述三个概念的关系直观表述,如图 3-1 所示。

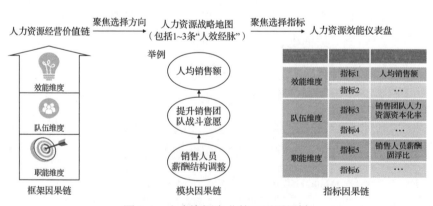

图 3-1 人力资源专业的三层因果链

资料来源:穆胜企业管理咨询事务所。

当企业建立了自己的"人力资源效能仪表盘",各类数据就真正进入了因果链条，此时，企业才有资格谈人效管理。因为，这种状态下的 HR 可以非常清晰地发现，如何通过选用育留改变队伍状态，如何通过管理队伍状态形成人效结果。可以说，人效管理已经变成了一台精密仪器。

其实，单从业务、队伍、职能任何一个维度做数据化都是没有意义的，因为尽管数据客观，但不放入因果链的数据很难评价。在这条因果链上，效能是队伍的检验标准，队伍是职能的检验标准，再往外延展，业绩是效能的检验标准。

以穆胜咨询辅导过的某个企业为例，其职能维度的指标里，人才晋升指数似乎表现不佳，员工职业生涯发展不畅。但当我们以队伍维度的指标来检验，就会发现其职级体系相对简单，阶梯不多，显然这家企业没有意向做"快晋升"。此时，我们就不能武断地评价人才晋升指数"低了"。

但是，为了让队伍维度的员工战斗意愿强烈，职能维度的激励真实指数（我设计的反映考核是否真刀真枪的指标）就一定要达到很高的水平，考核应该异常激烈。说白了，这家企业就是以"强势考核、大把分钱"作为主要人力资源体系设计思路的。员工对于头衔（title）并不太感兴趣，更需要激励的反馈来让自己得到实惠，并证实自己的价值。

数据，只有连接在一起才最具价值。大量的 HR 却没有明白这个道理，他们的人力资源类数据都被隔绝在"孤岛"上，看似浩浩荡荡，最后却鲜有价值，不仅不能帮助企业进行决策，所谓的决策也根本影响不到经营。**数据，不是越多越好，而是越准越好。**人力资源效能仪表盘上的数据足够准确，才有使用的意义。

要突破人效管理的三个难点，关键还是要依靠数据研究。一旦我们将传统人力资源专业推进到数据化的"人效管理"，HR 对于业务的理解也会更加深入，对于队伍建设和职能运用的思路也会更加先进。这个时候的他们，才真正找到了与老板的对话的频道，找到了推动经营的方式，才可以被称为 C3 之一，由此，企业也可以迎来更加澎湃的组织动力。

人效管理，绝对不是人力资源管理的一个分支，而是人力资源专业的未来——"人力资源经营"的最佳落地方式。

HR EFFICIENCY
MANAGEMENT

第 四 章

人效管理的两条突破之路

通过前面的内容，我基本勾勒了人效管理的大致方向。我也相信，人力资源专业如果走向人效管理，会迎来更加光明的前景。但是，自人效概念提出以来，其表面上看被热捧，实则被有些企业中的 HR 定位成了不能上路的"概念车"。

这又是为什么呢？面对这一尴尬，企业应该如何突破呢？

谁在回避人效

当下，人效的重要性已经无须证明，但为何人效依然不能成为老板和 HR 沟通的频道？这可能才是最可怕的地方，值得大家细品。这里，我不妨来当当这个扯下"皇帝新衣"的小孩吧！

2021 年，穆胜咨询开始了"中国人力资源效能先锋"的评奖活动，我们坚持以数据为标尺来筛选最优秀的中国企业。有几个 HRVP 告诉我："穆老师，千万别邀请我们老板来参评，最好当我们从来没有出现过。"这让人哭笑不得。我心想，你们平时谈到自己企业的人力资源工作，不是都挺有自豪感吗？怎么一谈数据，都泄气了？

这就是现状，太多的 HR 都在回避数据，他们根本不希望把人力资源专业由解语文题变成解数学题。在他们的眼中，这会让他们面临巨大的刚性考核压力，所以，他们更希望保持这个专业的模糊状态，尽管这样会让专业沉沦，但大家宁愿抱着一起死。

于是，老板始终觉得人力资源工作的模式不对，但又不太能抓住要点。他们能够敏锐地感觉出某任 HRD 不太给力，但又说不出他哪里不行。他们和 HR 之间拉拉扯扯，像是小情侣拌嘴，吵完之后，一切又会回到原点。缺乏人效数据的沟通频道，一切都是罗生门。

现实中，老板高呼要重视人效，HR 也一定跟着附和。但是，有几个 HR 能够帮助老板对业务进行分类，对人效进行分级，对人才流的配置进行节奏控制呢？又有几个 HR 能够和老板一起共识公司的关键人效指标，并将其设置为业务部门的目标，甚至联动利益分配呢？于是，对人效的关注变成了一种口号式的运动，人效变成了俗不可耐的"大词"。

这样的玩法是双输：HR 会渐渐失去专业门槛，越来越远离经营，逐渐失去老板的信任，而老板也会失去带动经营的一只翅膀，失去对于组织的有力抓手，失去一个本来可以存在的强援合伙人。

穆胜咨询的《2021 中国企业人力资源效能研究报告》数据显示，只有 57.3% 的企业老板和高管将人力资源部视为价值创造部门而非后勤部门，与 2020 年的 69% 相比降幅明显。**在经历了对于 HR 提升人效的期待之后，老板的信任度明显下降，这是一个值得引起重视的信号。** 如果 HR 对于人效的理解不能迅速回归正轨，这项数据还会进一步下降。**我们预计，如果这个数据下降到 50%，人力资源专业的根基就会被撼动。**

对于人力资源部这个权力机构，HR 自我革命的可能性不大。推动专业变革的力量来自两个方面：一是中前台的拉力，二是更高权力机构的推力（毫无疑问就是老板）。前一股力量一直都在，业务部门对 HR 的抱怨还少吗？能够影响的话早就起作用了，所以，后一个才是关键。

突破1：老板要突破僵局

老板其实就有两种选择。

一是寻找一个有生意思维、能理解人效逻辑的HR一把手，在沟通思路之后给予他足够的信任，让他来推动"人效管理"。

一些老板认为HR可能普遍缺乏生意思维。这个太过绝对，你没有见过好的HR，不代表好的HR不存在，你要花心思去找。好比有的女士谈过两次恋爱都遇人不淑，就认为全天下男人都是"渣男"，这个观点是错误的。

还有一些老板即使找到了一个强力的HR一把手，也根本没有给其空间。他们既然要其听话，又要其创新；既要短平快出效果，又要把手插到每一个细节。在这种状态里，老板还是没有把HR一把手当作合伙人，而是当作一个机械的执行者。他们在找来这个HR一把手时，并没有做好在这个领域放权的准备。

造成这种现象的原因，要么是老板低估了人力资源专业的门槛，要么是老板高估了自己的水平，才会产生"这个领域自己可以随意玩弄"的错觉。其实，即使老板再有生意思维，要抓好人效，也必须基于人力资源体系，而非纸上谈兵。

二是自己上手兼任CHO来推动人效管理，把人力资源部降维为一个运营部门。

这个方案类似拉姆·查兰在2014年的文章《是时候分拆人力资源部了》里提出的建议。查兰建议：一方面，让行政人力资源（HR-A）负责薪酬福利，向CFO汇报；另一方面，让来自业务部门的人员加入

HR 团队，组成领导力与组织人力资源（HR-LO），负责分辨和培养人才，以及评估人才的表现。

显然，查兰的方案让人力资源部的功能极度简化，降维成一个运营部门，而人力资源战略制定、组织设计、人力配置等顶层设计工作则至此与 HR 无关。这个方案颇为残酷，必然会伤害很多的 HR 从业者。但现实的情况是，你无法叫醒一群装睡的人，与其花心思去引导他们，不如自己就上手做了。在没做出效果之前，保守的 HR 永远都会否认这种可能性，直到你做出效果之后，他们才知道依样画葫芦，而就连这种模仿执行，也大概率会有一定的折扣。在未知领域，真理往往掌握在少数人手里，创新创造一定是那些卓尔不群的少数人来引领的。

当然，如果老板要选这条路，自己就必须实实在在地学习人力资源专业的新方法，亲自上手人效管理。这种选择也完全可以理解，人效逻辑是生意逻辑的基石之一，只能由老板来定义，人效管理更应该是老板牵头的事。其实，我们帮助企业建立人效管理体系的另一个说法是：把老板对于生意的逻辑贯穿到人力资源部的工作中。

突破 2：HR 要突破心魔

前面说，人力资源部作为权力机关，HR 很难自我革命，所以需要老板发力推动。但如果 HR "众志成城"，一起抵制创新，这个专业也很难进步。所以，我们更希望的是，有一部分锐意进取的 HR 能够突破心魔，带"活"这个一度有点死气沉沉的专业。

HR 不妨做一个沙盘推演——假设不做任何改变，自己的职业前景会如何？

结论再明显不过，传统的据点已经失去坚守的价值，汹涌的"敌军"已经兵临城下，如果不改变，人力资源专业的前景岌岌可危。

传统选用育留的价值越来越不受认可，已经是不争的事实。另一个值得警惕的趋势是，数字化转型的浪潮袭来，HR 的空间还会进一步被侵蚀。数字化转型，首先重组的是业务流，而当所有业务都实现了数字化，为了进一步提升业务效率，就必然倒逼人才和资金的数字化。只有如此，才能让人才和资金形成更合理的配置。

此时，如果 HR 无法给出人效逻辑的算法，那么其他部门或外部机构就会用数字化的方式摸索算法，来洞穿这个专业领域。大数据极其容易发现规律，最开始可能会很笨拙，但后来会因为算法的进化而越来越精明，其洞穿一个领域的方式简单粗暴。而对于这种侵蚀，HR 无能为力。我想提醒的是，**HR 要驾驭算法，而不是被算法所驾驭**。

还要提醒的一个新趋势是，组织与人力资源工作重要，但真的不一定非要由 HR 来完成。近年来，我已经看到了太多以前难以想象，但发生之后也觉得合理的"奇观"：在有的企业，CHO 向 CFO 汇报；在有的企业，流程或 IT 部门覆盖了绝大部分的 OD 工作；在有的企业，直接成立了改革办公室来引领组织转型工作……未来，如果 HR 没有掌握人效这张底牌，他们的价值会越来越低，他们也会离老板越来越远。

考虑到这样的形势，是不是应该率先占据新据点呢？

新的据点一定是人效，这既是与老板沟通的界面，又是创造经营价值的支点，更是引领专业走向专业化的切入点。这些道理很容易讲通，但要想让 HR 不再回避人效，就要帮他们突破几个心魔。

一是害怕转换主场。 由于 HR 长期不与数据打交道，可能会对数据有一定的恐惧。但这个领域的数据，别的部门也不熟，大家的视力都是 100 米，谁先往前走两步，谁就多看几米，谁先占据了这个领域，这个领域就是谁的主场。

二是害怕承担人效责任。有的 HR 讳疾忌医，知道自己企业的人效不高，就回避谈人效。其实，人效数据不高也不是你一个人或一个部门造成的。以前说，人力资源管理不只是人力资源部的事，这句话 99% 的老板是接受的。现在说，人效管理不只是人力资源部的事，人效现状不单是人力资源部造成的，老板应该也不难理解。说白了，老板才是人效低下的第一责任人，他们定义了商业模式，这是决定人效水平的最大基础。这方面，HR 就不应该给自己"加戏"，觉得是自己造成了人效不高的现状。理性的做法是，帮助老板直面人效现状，并以此为基础，一步一个脚印推动人效提升。这样一来，每往前走一步，都是 HR 自己创造的专业价值。

三是害怕对于人效无能为力。老板不清算人效低下的旧账，而让 HR 实现人效翻盘，对于 HR 来说也许压力太大。选用育留工具，哪样能真正实现人效提升呢？好像都能，但好像又都不能立竿见影。其实，根据我们的研究，选用育留如果合理应用，是绝对能够立竿见影地提升人效的。人效管理做好了，就是一台精密的仪器，拨动一个职能按钮，人效都会产生相应变化。HR 以前感觉不到这种状态，只是因为没有弄清楚选用育留几个模块。

一个企业要想走向伟大，一定要做那些难而正确的事。这个时代的人力资源专业必然以人效管理为路径来脱虚就实，做那种难而正确的事。无论对于老板还是 HR，这都是值得拥抱的机会。

人效管理方法

人力资源效能是组织能力的最佳代言,以人效为支点可以推动经营。人效管理,即人力资源效能管理(HR efficiency management),其强调以人效为核心来诊断组织状态、制定战略规划、落地人力配置、优化人力职能,通过循环式的管理来获得企业的整体人效。

在这个部分,我通过"人效管理实施曲线"(见图I),铺陈了一个完整的人效管理方法论体系。

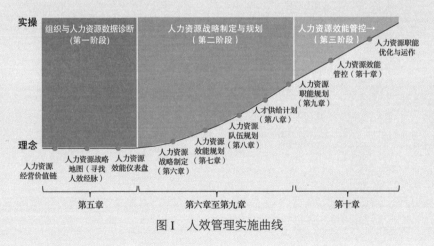

图I 人效管理实施曲线

资料来源:穆胜企业管理咨询事务所。

第一阶段是组织与人力资源数据诊断(第五章)。人效管理完全建立在数据分析的基础上,通过人力资源经营价值链的框架,从"职能—队伍—效能"三个维度找到提升人效的空间,即人效经脉,最后通过人力资源效能仪表盘将人力资源专业进行极致量化，找到真正的数据真相。

第二阶段是人力资源战略制定与规划（第六章至第九章）。基于前一阶段的数据诊断结果，企业可以放眼更长远的经营周期，思考用何种建队思路去推动北极星指标，完成人力资源战略的选择。在确定了人力资源战略后，企业可以依次进行人效规划和队伍规划，并将规划落地到具体的人才供给计划。

为了实现挑战性的人才供给计划，企业需要重塑人力资源职能（选用育留等）。无论是激励型还是赋能型人力资源战略，我都提供了严谨的人效公式作为职能体系优化的思路。可以确定的是，这些思路与传统的人力资源专业逻辑有相当大的不同。

第三阶段是人力资源效能管控（第十章）。所有的人力资源政策都是通过业务单元落地的，要实施人效管理，首先需要解决业务单元与总部的动机一致问题。为此，我提供了两个"人效管控"的方案，让业务单元与总部能基于人效标准进行沟通。有了这种纽带，相信人效管理的理念与方法可以有效落地。在此之后，需要实施具体的人力资源职能优化与运作，这些内容本书就没有展开了。

HR EFFICIENCY
MANAGEMENT

第 五 章

组织与人力资源数据诊断

人效是人力资源专业追求的核心目标，追求人效更需要有效的方法。如果我们认为人力资源专业应该是一门数据科学，那么，首先就应该对组织和人力资源进行数据诊断。

我们需要以数据呈现人效、组织、人员、职能等维度的精准状态，对其表现水平进行判断，并形成后续工作的方向性建议。简单说，我们的数据诊断要扫描出上述几个方面分别存在什么短板，如何对接生意需求，如何进行突破？

这就是"数据化人力资源"的领域，但我的处理思路和大多流派可能不同。

人力资源专业数据化

在推动数据化人力资源管理的方向上，有三个典型的流派。

第一个尝试的方向是"量化人"。典型的流派如敬业度（engagement）测评、素质（competency）测评、领导力（leadership）测评等。这些概念已经被大众广泛接受，量化的方法也趋于统一，无非是各有各的呈现形式而已，实质都是差不多的。

但"所有的事不行，都是人不行"这种逻辑，其实没有太大意义。

一方面，个体的状态又是由什么决定的呢？如果不能打通选用育留等人力资源职能对于人的影响逻辑，并且将这种逻辑量化，人力资源专业就陷入了"事后分析"的尴尬，依然还是"玄学"。

另一方面，优秀的个体就一定能产生优秀的经营业绩吗？就算不考虑组织内个体之间的化学反应，就算不考虑这种化学反应对于经营的影响，这种逻辑依然不能成立。前者的典型例子是 NBA 里几个全明星球员抱团组队失败，现在的湖人队就在遭遇这种尴尬；后者的典型例子是不少组织氛围热火朝天的创业团队走向覆灭。所以，各位不妨回想一下，著名的盖洛普 Q12 问卷认为，员工满意了，企业业绩就好了，这个逻辑真的正确吗？其实，这是一个很典型的逻辑谬误。

第二个尝试的方向是"量化人力资源专业职能"。典型的流派是 IIP 评估、人力资源审计、人力资源成熟度模型等。大概的思路是量化选用育留的动作，再检视这些动作和标准动作之间的差距。

人力资源专业其实并没有太多的标准动作，应该在衡量企业需求的基础上给出定制化解决方案。换句话说，执行某种标准动作并不一定带来经营业绩。所以，这些模型在 HR 中红极一时，但最后却并未成为行业共识，老板和业务部门也对此不感兴趣。

这个方向的量化还导致了两个恶果：一是人力资源部失去公信力，它好像不断给自己出考卷，再不断地拿到高分；二是人力资源部醉心于塑造专业性，衍生出各种各样花哨的操作模型，更加曲高和寡。

第三个尝试的方向是"量化人力资源专业价值链"。所谓"价值链"，每个环节都产生相应的价值，相邻环节之间还有明确的因果联系。典型的流派有人力资源记分卡、萨拉托加系统等。这些模型陈述了"选用育留专业动作"到"人力资源状态"的因果价值链，似乎兼容了前两个量化方向，覆盖了人力资源专业的每个角落。

但是，一千个人心中有一千个哈姆雷特，人们对于人力资源专业价值链显然缺乏底层共识。例如，对于人力资源专业的最终输出，人们的认知是完全不同的，有人认为应该是产出组织能力（organization capability）或企业文化（enterprise culture），有人认为应该是产生员工满意度，还有人认为应该是产生选用育留各类专业结果，如招聘到位、考核公平、培训执行等。

正因如此，量化人力资源专业价值链的想法很美好，但分歧巨大。

上述就是现有人力资源专业的学者和实践者能够诉说的全部故事：一方面是说人力资源专业能够甄别合适的员工，提升员工的能力和意愿；另一方面是说自己的选用育留有多规范，多能支撑战略。

但是，这些故事在人力资源的"专业深井"里，更像是自说自话，这些故事离经营太远，让老板和业务部门没有感觉。

人力资源经营价值链

目前，我们基本可以确定的是，人力资源专业的数据化一定会沿着第三个方向走。但问题是，第三个方向存在一个核心的分歧——人力资源专业的核心交付指标是什么？

这里面又分两个流派。

一是强调专业有效性（effectiveness）。这个流派要么衡量内部用户反馈，也就是员工或业务部门是否满意；要么衡量专业结果，也就是选用育留是否运作良好。

我对这个方向极不感冒：前者让人力资源部逐末忘本，我希望HR记得，你们提供的是专业而不是服务，你们永远不可能让员工和业务部门完全满意；后者还是在自说自话，专业必须带来结果，但这种结果应该是经营层面的价值，而不是"自嗨"。

二是强调组织能力或企业文化。我十几年前就做过深度研究,这两个概念其实是同义词,都包括组织价值观、组织规则和组织知识三个部分。说人力资源专业产生组织能力或企业文化没有任何毛病,但问题又来了,如何量化组织能力呢?有的机构一上来就发各种问卷,在我看来,这是很搞笑的事情。企业看到这些调研结果,笑笑就好,放心,没有人较真的。

我赞同后一个流派,同时坚定地认为,人力资源效能是组织能力的最佳代言。

企业好比一个装有组织能力的黑箱,一边投入资源,另一边产出绩效。组织能力强,黑箱成为放大器,投入小资源带来大回报;组织能力弱,黑箱成为衰减器,投入大资源带来小回报。所以,资源的投产比,也就是效能(efficiency)正好就说明了企业的组织能力。

效能分为财务效能和人力资源效能,前者体现为资产回报率、毛利率、利润率等,而后者体现为人工成本投产比、人工成本报酬率、人均营收、人均毛利等。由于人力资源是一切资源流转的中心,是所有营收、成本、费用发生的中心,人力资源效能在很大程度上决定了财务效能。根据穆胜咨询的研究,在互联网属性的企业里,人效每变动 1 个单位,财效会同向变动 4.33 个单位。从这个意义上说,人效显然更能代表组织能力。

正是基于上面这个坚实的逻辑起点,我提出了"人力资源经营价值链"。该价值链具体分为三个维度,如图 5-1 所示。

第一个维度是效能层。这个层面要求将业务战略的复杂要求阐释为人力资源效能的要求,这是推动经营的"支点"。典型的指标包括劳动生产率,人工成本投产比等。

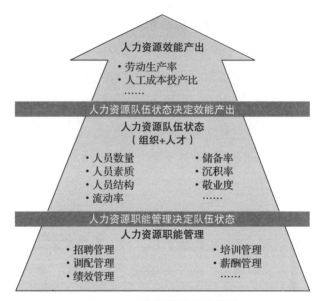

图 5-1　人力资源经营价值链

资料来源：穆胜企业管理咨询事务所。

第二个维度是队伍层。队伍是持续输出效能的保障。在一定的建队思路下，"人"进入"组织"，并相互之间形成有机搭配，产出战斗力。优秀的队伍既能以"田忌赛马"的方式压制竞争对手，形成竞争优势，又能定向产生人效结果，支持战略落地。

第三个维度是职能层。这个层面就是选用育留了。职能层面的高水平运作是落地建队思路的保障。需要强调的是，人力资源专业各个职能是系统化的而非割裂的，因此，各模块应该在建队思路的引领下有序协作，共同输出一套整体的解决方案。

这三个维度连在一起，就是"人力资源经营价值链"。显然，这是一个很容易被老板或 HR 接受的框架（framework），在此基础之上的讨论更能同频共振，以此为底层逻辑推动的"数据化人力资源"显然也更有说服力。

这里，我不倾向于再提"人力资源管理"，而是强调"人力资源经营"。因为，管理是计划、组织、领导、控制，是按部就班，而经营是创造市场价值，是无限创新。

人效经脉构成战略地图

在人力资源经营价值链里，每个企业都会有自己的一套打法，形成自己的人力资源战略地图。

在我的定义中，**所谓"战略"，是在一定资源限制、时间限制、竞争对手给出的空间限制之下，寻找有限的目标，饱和攻击、打穿打透**。显然，人力资源领域也应该有战略，但现实是，大多数企业并非如此。

根据穆胜咨询发布的《2021 中国企业人力资源效能研究报告》，仅有 42.5% 的样本企业有明确的人力资源战略，且以此统领各项人力资源工作。大多数企业的人力资源工作缺乏顶层战略和系统规划，必然导致人力资源工作无法创造真正的价值。

这里，我引入一个前面提过的概念——人效经脉。人力资源工作分两类：一类是人力资源的常规工作，负责维持秩序，是"本分"所在；另一类是人力资源的战略性工作，负责支持业务战略，推动经营，是"价值"所在。后者其实就是聚焦目标、集中资源、定向发力的工作方向。**这些工作思路依然遵循"职能→队伍→人效"的价值链路径，可以归纳为"人效经脉"。**

企业如果能够打通自己的"人效经脉"，其竞争力就会上升几个等级,就好像武侠小说里的主角少年突然被打通了任督二脉。这一步不会呈现微观的操作细节,但会明确组织与人力资源工作的方向。显然,一个企业的人效经脉也不会太多,或者说,一定时间内企业在人力资源领域看得见的机会就那么几个,而三条以内的人效经脉足以构成人力资源战略地图,让企业能够聚焦资源、饱和攻击。

如何才能找到企业的人效经脉呢?我主张从三个角度思考。

一是以终为始。

人效经脉的完整因果链应该是"职能→队伍→人效→战略",其中,每一个环节都可以看作后一个环节的"因",因此,必须考虑后一个环节的结果诉求。换句话说,为了达成后一个环节的结果,需要做到什么。宏观看,就是为了支持战略,应该如何在人力资源经营价值链上布局工作思路。

简单举例,某互联网平台企业为了支持"以平价或补贴吸引用户,推动平台扩张"的战略诉求,应该关注"人均活跃用户数"的人效目标,这是"人效→战略"(见图 5-2)。而为了提升"人均活跃用户数",应该关注拓客团队的业务流程和素质能力(考虑团队意愿是没有问题的),这是"队伍→人效"。最后,为了重塑拓客团队的业务流程和素质能力,应该进行流程再造,并基于流程再造后的技能标准进行任职资格认证,这是"职能→队伍"。

以结果倒推,一步步推导出人效经脉这种模块因果链,是一般的操作。这种操作的确也能让人力资源工作更加清晰。但在实践中,这种推导出的人效经脉往往很难落地,原本一清二楚的思路,在落地时老是感觉"差点意思"。这又是为什么呢?这就要谈到下一个被忽略的角度。

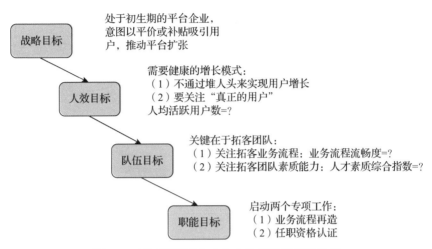

图 5-2 某互联网平台企业人效经脉的初步推导

资料来源：穆胜企业管理咨询事务所。

二是趋势可及。

试想，如果老板定了一个无法实现的战略目标，那么，由这个战略目标推导出来的人效目标肯定就不合理。因此，我们还应该考虑每个维度上的发展趋势，切忌定出"老虎吃天"的目标。

需要提醒的是，基于后一个环节的"结果诉求"，前一个环节并非只有一种解法，而应该是一个"答案集"。我们应该从"趋势可及"的角度思考，寻找那种最有可能实现的答案。趋势由什么定？只要有历史数据，简单的统计学方法就可以判断趋势（见图 5-3）。

仍以前面的案例来展开讨论（见图 5-4）。

先看人效维度。假设这家企业为了支持"活跃用户数 10 万个"的战略目标，提出了"人均活跃用户数 =100 个/人"的人效目标。那么，我们就要分析历史数据，看看过去三年的人均活跃用户数表现如何，究竟有没有可能达成"100"。如果过去三年的数据分别为30、40、50，那么，这个数据显然不太可能达成，除非在队伍维度有奇招。

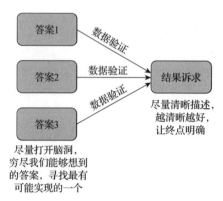

图 5-3　基于"趋势可及"标准寻找人效经脉的逻辑

资料来源：穆胜企业管理咨询事务所。

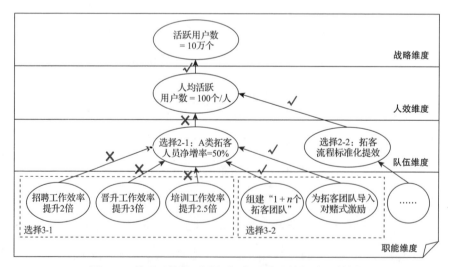

图 5-4　基于"趋势可及"标准寻找人效经脉（举例）

资料来源：穆胜企业管理咨询事务所。

继续往队伍维度推演，我们发现 A 类拓客人员如果净增率为

50%，这个人效目标是有可能实现的。那么，我们又要分析队伍现状，看看 A 类拓客人员的增长趋势。如果，过去三年 A 类拓客人员的内部成长和外部招聘加在一起只有 20% 的净增率，那么，这个数据显然不太可能达成，除非在职能维度有奇招。

继续往职能维度推演，我们发现如果要支持 A 类拓客人员 50% 的净增率，招聘、晋升、培训工作的效率分别需要提升 2 倍、3 倍和 2.5 倍。那么，我们又要分析职能现状，看看这几项工作的效率提升趋势。如果，过去三年这三项工作的效率提升趋势都不超过 15%，要它们实现 2~3 倍的提升，就完全不可能达成。

我们发现，以"趋势可及"作为标准，大多数目标都定错了。所以，我们应该完全打开思路，例如，A 类拓客人员净增率为 50%（选择 2-1）真的是支撑人效目标的唯一答案吗？除了从人员素质的角度出发，是否可以通过流程再造（选择 2-2）来提升人效？再如，招聘、晋升、培训工作的效率提升（选择 3-1）真的是支撑 A 类拓客人员净增率 50% 的唯一答案吗？是否可以通过组建"1 + n 个拓客团队（1 个 A 类拓客人员 + n 个徒弟）"再进行对赌的方式，从激励上解决问题（选择 3-2），让 A 类拓客人员更喜欢带人，让团队更有积极性地分享知识、协同作战，让新的 A 类拓客人员从内部"长"出来？

"趋势可及"让企业从空中落到了地面，思考那些"能做"，而不是"想做"的事。

三是压制竞争对手。

在过去，人力资源被认为是内部职能，以服务业务作为主要目的，一般不涉及在数字层面严格对标竞争对手。实际上，这种观点是不对的。

战略，最初的概念是基于战争产生的，战争的本质就是对抗[一]。企业的前台能不能跑起来，关键还看中后台职能的底气，而中后台职能相对于对手的竞争优势，就是企业的底气。因此，任何一项中后台职能都有必要对标竞争对手。

以开放市场内的人才作为目标，竞争对手之间其实也是在打"人才争夺战"。在这个市场内，竞争对手之间的表现是此消彼长的。举例来说，A公司找到了一部分优秀人才，那么，B公司就失去了这部分优秀人才。再举例来说，A公司的激励机制设计得更加公平，B公司的激励机制就显得相对不公平。你不比较，人才也会比较，而后将他们的评价迅速传递到人才市场内。

因此，在以"以终为始"和"趋势可及"作为标准确定了工作思路后，还应该做一个关键的检验——在这个思路上，我们是否能够"压制竞争对手"？这个检验主要有两个标准。

- **结果竞争力**——我们订立的目标是不是具有足够的竞争力，这是从收益角度进行衡量的。我们的逻辑是，没有竞争力的目标毫无意义，其相应的策略自然不应该进入人效经脉。
- **过程进攻性**——我们是不是做了竞争对手没法跟进的事，这是从成本角度进行衡量的。道理很简单，只有投入足够的成本（资源、精力、时间等），才能围绕打法本身构筑足够牢固的壁垒。

如图5-5所示，按照上述标准，显然，我们应该关注合理策略空

[一] 战略管理后续也延伸到了"合作战略"的领域，它与"竞争战略"并列，二者成为该学科的两大门类。

间，即那种投产比最划算的策略空间。换句话说，这种检验如果成立，企业就应该毫不犹豫地投入到这个工作思路里。道理很简单，这个工作不仅能够支撑人力资源经营价值链后一个环节的结果，并一直影响到战略，还能够让企业产生人才市场上的竞争优势，放大战略成功的可能性。

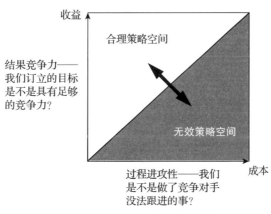

图 5-5　压制竞争对手的策略坐标

资料来源：穆胜企业管理咨询事务所。

仍以前面的案例来展开讨论。

假设这家公司设定了"人均活跃用户数=100 个/人"的人效目标，而行业的一般数据是 50 个/人，那么，这就是一个有竞争力的目标，随着拓客团队的标准化和磨合到位，这种优势还会进一步放大。相反，如果行业的一般数据是 120 个/人，那么，这就是一个缺乏竞争力的目标，会导致团队低水平组建、职能低效率运作等一系列后续问题。

上述从三个角度寻找人效经脉的方法可以概括如图 5-6 所示。

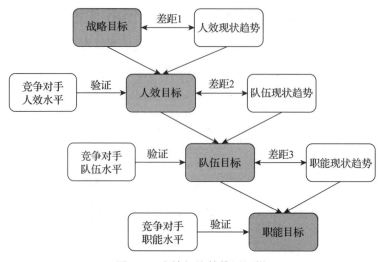

图 5-6　人效经脉的推导逻辑

资料来源：穆胜企业管理咨询事务所。

人力资源效能仪表盘

人效经脉只是模块因果链，其指明了人力资源工作的方向，却并未量化为具体的操作。具体来说，我们可能会明确在队伍维度进行组织构型上的流程再造，但在职能维度，究竟是重塑整体的业务流程，还是改进流程上某个节点的效率，可能不会有明确的结论。即使我们确定了要改进流程上的某个节点，但究竟是通过培训认证来实现，还是通过带教来实现，或者通过IT系统来实现，可能也不会有明确的结论。

人效经脉是通过数据分析出来的，但这种数据更多是方向性的，并没有穿透到最微观的操作层面。因此，我们还应该以数学逻辑来将人力资源战略地图里的人效经脉具象化，形成一个人力资源效能仪表盘。

人力资源专业发展到理想状态，应该是调整选用育留职能的各个指标就能引发队伍状态的变化，导致人效的变化，最终导致经营业绩的波动。显然，如果达到这种状态，就没有老板和业务部门会怀疑人力资源专业存在的意义了。事实上，国内的一些先锋企业已经明确对 HR 提出了类似要求（在本书附录 A 中，穆胜咨询盘点了 26 家大厂对于 HR 的数字化能力要求）。

问题是，人力资源专业在人效、队伍和职能三个维度上，都缺乏真正有价值的量化指标。当下人力资源专业的若干量化尝试，都给人隔靴搔痒的感觉。一个典型的场景是，HRD 忧心忡忡地向老板陈述，本年的培训计划完成率下降了 50%，这种指标只会换来老板的白眼。

正因为如此，我们研发了若干具有穿透力的指标，希望能够把这门课补起来。基于这个完整的指标体系（见图 5-7），我们得以对企业进行全面的数据与人力资源诊断，让人效经脉变成精细的人力资源效能仪表盘。

我们的整体思路是：首先，寻找人效经脉上每个维度的关键指标，让关注点更加聚焦，而后，再一次用"以终为始""趋势可及""压制竞争对手"三个标准来设定关键指标的目标值，让人力资源动作发力精准。

说到底，关键还是要解决前一个问题。找准了关键指标后，只要有数据，我们就可以推导出准确的目标值。这里，受篇幅限制，仅以人效维度的指标为例，介绍穆胜咨询设计的几种原创指标。

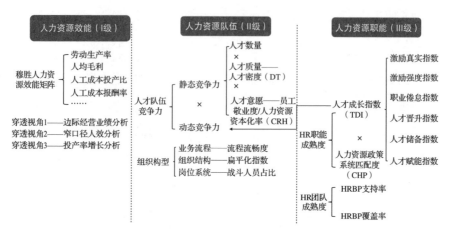

图 5-7　穆胜咨询组织与人力资源诊断指标体系（局部）

资料来源：穆胜企业管理咨询事务所。

一是窄口径人效分析法。

窄口径人效指标，即以核心人才仓（投入）推动北极星指标（产出）的人效表现。核心人才仓能够在短期内产生人才出成的效果，北极星指标能够在短期内产生业绩撬动的效果，两者都具有极其明显的杠杆效应。抓住这两个方面，才可以在有限的投入下，最大限度地放大产出。不仅如此，由于核心人才仓是企业的底气，也由于北极星指标是企业守护的战略要地，因此，窄口径人效指标"守护"下获得的增长是没有泡沫的增长。

我在《人力资源效能》一书中举过一个例子。某个企业是销售职能驱动的，我们可以建立一个销售额和销售团队之间的人效关系，这是"宽口径人效"。如果考虑到这个企业是用 A 类销售人员打新销区，通过卖战略级产品来冲刺业绩目标的，那就应该剔除销售额中的飞单，剔除销售额中成熟区域的自然增长，剔除非战略级产品的销售额……

聚焦销售额中的"有效增量"。相对地，从人力或人工成本投入上，我们也应该建立计量标准，例如通过能力和业绩的标准，盘点出 A 类销售人员的范围。将销售额中的"有效增量"和"A 类销售人员的人数"进行叠加，就得出了"A 类销售人员人均驱动有效增量（KSPA）"这个"窄口径人效"。

二是边际经营业绩分析法。

边际经营业绩（以人为口径），代表了企业每追加一个人，能够带来多少经营业绩。如果我们把经营业绩定义为 GMV，那么，具体公式如下：

$$边际经营业绩（以人为口径）= \frac{GMV_t - GMV_{t-1}}{人数_t - 人数_{t-1}}$$

可以说，相对传统人效指标，这个指标更灵敏地显示了人效的变化趋势，而人效又与财效有同向变动的关系，这显然强烈预示了企业未来的财务表现。从边际经营业绩的角度看，企业有两个健康标准。

- 标准 1——边际经营业绩曲线在人效曲线上方。
- 标准 2——边际经营业绩曲线持续上扬。

我们不妨以腾讯和阿里巴巴来举例，两个企业的边际经营业绩（以人为口径）曲线都呈现整体下降趋势，且阿里巴巴的边际经营业绩曲线处于人效曲线下方（见图 5-8）。显然，两大互联网巨头并不符合我们定义的"健康"标准。

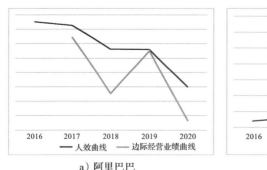
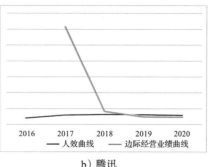

a）阿里巴巴　　　　　　　　　　　　b）腾讯

图 5-8　阿里巴巴和腾讯边际经营业绩（以人为口径）和人效变化趋势（2016～2020 年）

资料来源：腾讯财报，阿里巴巴财报，穆胜企业管理咨询事务所。

三是人效相对分析法。

相对分析法，是将业绩产出、人力投入和人效都以增长率的口径放入一个坐标，分析其变动趋势。图 5-9 是一个客运企业的案例。我们用折合旅客吞吐量㊀作为业务量衡量业绩产出，用人数为口径来衡量人力投入，计算劳动生产率这个人效指标。显然，人力投入应该处于业绩产出的下方，如此一来，才能保证人效持续走高（2009～2011 年），而一旦人力投入和业绩产出倒挂，就会导致人效走低（2008 年）。

这种规律也成为不少企业核定人力投入的标准。如某些企业的"两低于原则"：一是要求人数增长率低于产量增长率，二是要求人工成本增长率低于营收或利润增长率。

当然，前面也谈到过，企业的经营过程中天然有两种"错峰"。对于人效走低的阶段，也要理性看待，具体问题具体分析。例如，企业在某年的人数增长过快，高于产量增长，有可能是因为提前储备人才。

㊀　即把运输的货物重量按照一定的单位折算为"人"，统一计量广义的旅客吞吐量。

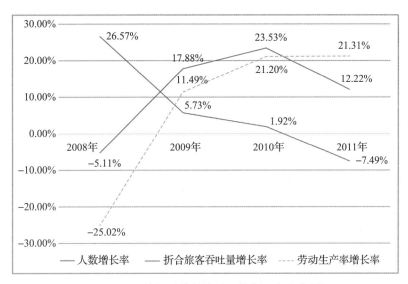

图 5-9 人效相对分析法(以某客运企业为例)

资料来源：穆胜企业管理咨询事务所。

上述三类分析法，都让我们能够找到更加重要、更加敏感的人效指标。基于这些指标上的各类数据（目标、历史、竞争对手数据等），企业不仅更容易发现自己的人效规律，判断当前的真实人效水平，也能找到精准的人效目标值。在队伍和职能领域，我们也有类似的分析方法，也能产生同样的效果。（本书中附录 B 展示了我们常用的一个指标人才成长指数（TDI），有兴趣的朋友可以参考。）

其实，在寻找人效经脉的一步，我们仅仅确定了人力资源工作的"大方向"，大多时候，这些"大方向"并不能直接穿透到这些敏感指标上。因此，通过数据分析进行严谨循证也是有必要的。我们可以将三个维度的敏感指标在逻辑链条上进行连接，从"人效—队伍—职能"的方向反推，发现其相互之间的联动关系。在这个链条上，有的指标会具有特别的"杠杆效应",我们称之为关键指标。对于这些指标稍加干预,人力资源的格局就会变得大不一样。这些指标就应该进入人力资源效能仪表盘。

很多时候,以数据循证的结果会让人不敢相信,但数据就是数据,数据不说谎。例如,我们一般认为员工队伍的素质提升会带来人效提升,如果素质测评指标节节高升,但人效指标持续下降,那么,要么素质测评不准,要么测评对象错误(不是驱动企业所需人效指标的人群)。此时,在这支队伍的素质提升上下功夫,就没有任何意义。

人力资源数据化的 IBR

要实现人力资源效能仪表盘的量化,需要三个基础,我称之为 IBR(指标、基线和规律)。我们来看一个最简单的模型:

$$Y = aX + b$$

这个模型就是人力资源效能仪表盘上下游指标关系的缩影。举例来说,X 是组织结构精简度,而 Y 是人力资源效能,显然,组织结构精简对于人效有影响。要建立这个模型,我们需要知道三类信息。

一是算法指标(indicator),即找到量化组织结构精简度(X)、人力资源效能(Y)的指标。这让人力资源专业从解"语文题"变成"数学题"。这个方向上考验的既是设计者的数据思维(data mind),也是设计者对于人力资源专业的理解。现在谈人力资源指标的机构不少,但说实话,指标有没有"才华",是不是"油腻",明眼人一眼就能看出来。

举例来说，我们通过"扁平化指数"来衡量组织结构精简度，这个指标受到管理幅宽和管理层级的影响。管理幅宽越大，管理层级越少，扁平化指数就越大。

再举个例子，我们通过"激励真实指数"来衡量考核是不是真刀真枪，我们量化出绩效得分中的实际变动部分，再用这个部分除以总分，就得出总分中的浮动占比。

二是指标基线（baseline），即回答 X 和 Y 的指标多少算高，多少算低。这让人力资源专业成为能够迅速自检和反映企业问题的雷达。

继续前面的例子，我们给出的基线是，扁平化指数低于 1 就是有组织冗余，激励真实指数低于 5% 就是假刀假枪。我们为一个企业进行组织与人力资源量化盘点时，发现它的职能部门扁平化指数只有 0.3，我开玩笑："你们这已经不是金字塔大了还是小了，你们这直接就是埃菲尔铁塔嘛！"

三是专业规律（rule），即回答 X 对 Y 的影响力 a 应该是多少，通过精简组织来提升人效究竟靠不靠谱。这能让企业发现提升人效的最佳路径。这个方面的研究我们已经沉淀了很多，有的结论甚至是与各位的常识完全相反的。后续，我们也会持续发布，本书篇幅有限，就不展开介绍了。

我们发现，每当 HR 和老板讨论 IBR 时，就是他们提高自己身价的"高光时刻"。说白了，如果你深耕一个领域多时，却无法对 IBR 信手拈来，那么，你就是没入门。

为了让人力资源效能仪表盘能够真正成为人力资源专业的数据神器，多年来，穆胜咨询做了大量工作。如果归结到一个点上，就是

"海量抓取数据"。

说到底,人力资源效能仪表盘是一个模型,只有将大量过往的数据代入,才能修正变量,形成基线,摸清规律。应该理解的是,模型是用数据"喂养"出来的,数据越多,模型就会越精准,决策也会越高效。

但在人力资源领域里抓取数据是很难的。一个陋习是,HR 喜欢以保密为由拒绝参与调研。有意思的是,每次上课时,HR 学员们又很喜欢问我:穆老师,这个数据究竟是高了还是低了,有基线吗?有什么规律吗?基线和规律是用数据喂养出来的,大家都不给数据,就没有人知道答案。

在某些调研中,调研机构要求参与调研才能获得结果,于是,有 HR 想要通过上报"假数据"获得"真结果"。殊不知,你是这样想的,其他 HR 也是这样想的,于是,整个样本库就被污染了,这样的调研结果毫无意义。

穆胜咨询对于数据的抓取,都是基于人力资源效能仪表盘这个模型,前后大概经过了两个阶段。

第一阶段是 2020 年之前做的小样本调研。我们只收集自己有把握的数据,也就是穆胜咨询直接服务的企业的数据,大概有几十家。这样很慢,但也很准。

第二阶段是 2020 年和之后做的大样本调研。我们开始面对全国的企业发起调研,每年发布年度《中国企业人力资源效能研究报告》。有了前一阶段的基础,我们的人力资源效能仪表盘更加成熟,调研的结论也更具有穿透力。从现实的反馈来看,市场也挺认可,大量知名的企业都是用户。

这份研报实际上是人力资源效能仪表盘的泛行业呈现。无论是 HR 希望以"人效"为核心重构自己的人力资源专业世界观，还是企业希望以"人效"为核心定制自己的人力资源解决方案，都能得到一定的支持。

其实，我认为每个企业都应该有一个自己的人力资源效能仪表盘。这也是我们为企业做人力资源服务的核心模块，它是现代人力资源专业的基础，应用场景非常广泛，关系着 HR 的生存前景。例如：

- 人力资源年度计划的数据基础。
- 人效提升专题项目的仪表罗盘。
- 人力资源规划项目的内核部分。
- 组织变革转型项目的核心调研内容。
- HR 数字化转型项目的算法体系基础。

人力资源数据化的三个伦理

上面谈到了很多我们对于人力资源数据化趋势的理解，呈现的其实是我们的人力资源专业世界观。

我相信，受到各自知识背景、实践经验，甚至管理哲学的影响，每个专业人士都有自己的专业世界观。所以，我们的观点有人可能会认可，有人也可能不认可，正如在专业上有人喜欢做量化，有人喜欢闻味道……

但如果你认可人力资源专业应该走向数据化，那么，至少有三个伦理是必须遵循的。

第一个伦理是穿透为王（Woo）。

什么叫穿透？就是你抛出一个指标后，看到的人会有"Woo"的反应，言下之意，你拓展了他的认知，让他感叹"我怎么没想到"。我们应该清楚，老板和业务部门的视野有限，他们不可能与你探讨这个专业的细节，我们一定要呈现最有穿透力的指标。

有些人做的指标很"油腻"。例如，我可以猜出某个企业的人才盘点思路，无非就是用价值观和绩效的二维矩阵来做个四宫格或九宫格。这些企业的 HR 朋友听到后很惊讶："穆老师，您怎么知道的？"朋友，如果你衣柜里就只有一件十年前的衣服，明天你穿什么上街，这个很难猜吗？

有些人做的指标就很有才华。举例来说，NBA 的统计里，得分、助攻、篮板、盖帽、抢断五大数据是很容易统计的，通过这些数据可以甄别大多数球员的实力。但是，偏偏有一类球员，这五项数据得分都不高，但他们在场的时候球队就更容易获胜。你不能仅仅把这归因于他们是"福娃"，一两场比赛获胜有可能是出于运气，几十场、上百场比赛还有这个规律，那就一定是他们在某些方面上有过人之处。比如，他们的协防让队友完成了抢断或盖帽，这个时候数据不在他们身上，但他们是有贡献的。于是，服务 NBA 的数据公司设计了一个指标——球员效率值，也就是这名球员在场时球队净胜多少分。这样一个别出心裁的设计，一下子就洞穿了现象，这就是人力资源专业要追求的。

第二个伦理是客观至上（objective）。

我强调，一定要依靠客观数据，而不是主观数据。某些机构，在做组织与人力资源调研诊断时，一上来就抛出问卷收集主观数据，而后，在主观调研形成的随意结论上，再去找客观数据来支持自己的结论。

说实话，主观数据在我眼中没有太大意义。以敬业度调研为例，每个企业中最不满意的都是薪酬，但也不见得员工就要离职。对于薪酬的不满，更多的是一种职业表演，是职业人保护自己的最佳姿态。

再举个例子，你问问员工有没有离职意向，他可能告诉你吗？我们更多的是计量离职对于他形成的损益，重点维护那部分离职后有巨大好处但沉没成本较小的人。

所以，主观数据不是不能用，而是应该作为客观数据的补充。我们在为企业做组织与人力资源诊断时，一定是先分析客观数据，说白了，几个关键指标出来，企业的基本面我们就一目了然了。而后，再根据客观数据锚定的基本面，进行定制化的主观数据调研，为结论增加温度和细节。这种操作方式和传统做法完全不同。

有的咨询机构和HR还有一个妄念，希望自己控制量化结果，所以他们喜欢用主观数据。但话说回来，老板又不是无知，你以为在玩弄人家的认知，人家早就生火准备要做一盘"炒鱿鱼"。

第三个伦理是连接经营（connecting）。

这是说要跳出专业，思考生意。专业再花哨，不能产生经营结果，都是"耍流氓"。

正如前文所言，企业的经营实际上就是"三流双效逻辑"。前面也说了，人效相对于财效是更加前瞻的驱动指标。以人效为武器，HR一定可以影响到经营。

那HR如何影响人效呢？如图5-10所示，HR掌握激励流和知识流（推动赋能），这是推动人才流，抵达高人效的基础。我也将人才流、激励流、知识流称为"小三流数据"，对应业务流、资金流、人才流这"大三流数据"。从这个框架来看，HR在专业里的每个动作，都可以影响到业务结果。

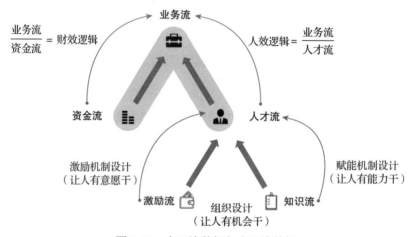

图5-10　大三流数据与小三流数据

资料来源：穆胜企业管理咨询事务所。

上面三个伦理被我总结为WOC，每个致力于推动人力资源专业走向数据化的朋友，心中都要有WOC。

HR EFFICIENCY
MANAGEMENT

第 六 章

人力资源战略制定

组织与人力资源数据诊断，基于人力资源经营价值链，发现企业的人效提升空间，形成人力资源战略地图和人力资源效能仪表盘。这更像是一个 1~2 年内的短期工作思路，放眼 3~5 年，企业又应该如何开展人力资源工作？

短期的工作，受到各种条件的制约，更像是"机会导向"。而长期的工作，各种条件的制约被放宽了，就需要"战略导向"。或者说，在一个长期范畴内，人力资源专业可以有更大的操作空间，能将企业导向需要的地方。

这就需要进行人力资源战略制定和规划了。这意味着，我们要基于模型和数据，分析选择企业的人力资源战略方向，并形成基于人力资源战略的人力资源规划。不变的是，我们依然会按照人力资源经营价值链的逻辑来开展分析。变化的是，我们需要纳入更大范畴的数据，如企业 3~5 年内的经营规划数据，也需要进行更加纵深的人力资源决策，如规划某支队伍的中长期建设，再如规划培训职能的中长期打法。

传统的人力资源专业是"有规划，没战略"，问题不小：一方面，缺乏人力资源战略引领，思路零散，导致选用育留各自为战，沦为"人力部门工作计划"；另一方面，缺乏人效的量化要求，以模糊的"支持公司战略"为目的，越做越凭感觉，最后的效果完全随缘。

人力资源工作同样面临资源限制、时间限制、竞争对手给出的空间限制，没有明确的人力资源战略，很难在提升人效、推动经营方面做出成绩。

人力资源战略分类

我在《人力资源效能》一书中，提出了人力资源战略基本可以分为两类（见图 6-1）。

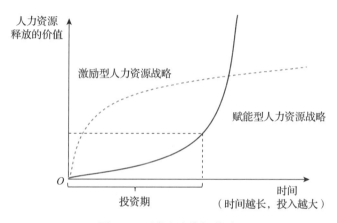

图 6-1　两类人力资源战略

资料来源：穆胜企业管理咨询事务所。

第一类是激励型人力资源战略，也就是以成熟人才为中心追求稳定输出，为他们匹配精细的激励机制，确保他们的价值产出曲线和激励反馈曲线高度贴合，最大限度激发他们的意愿。

大多数企业将激励型人力资源战略误解为"豪放发钱"，这是不对的。激励型人力资源战略不仅仅是企业家"头脑一热"的分享冲动。说到底，哪个企业家会认为自己没有胸怀呢？这是一个没有必要去证实或证伪的问题。关键还是看他们的企业究竟形成了什么样的激励机制，以及他们有没有决心在激励机制设计上下功夫。

要选择这种战略，有必要讨论的是设计方法。一是需要深度理解各类人才仓的业绩输出规律，二是需要基于这种规律导入各类激励设计技巧。显然，这需要 HR 进行大量的数据测算，这似乎挑战了人力资源专业传统的工作方式。

以某个从 0 到 1 的项目为例。最初，一定是考核项目筹建，至少得形成这个项目的基本面（场地、人员、业务流程等）。而后，业务开展起来了，应该考核交易额。再后，要考核交易额的质量，应该兼顾货币化率（take rate），结果就是考核营收（= 交易额 × 货币化率）。再往后，要把成本也纳入考核范畴，结果就是考核毛利。再往后，成本控制到极致，只有从费用上下手了，结果就是考核净利。最后，通常是考核经营活动现金流。不妨想想，这需要 HR 对于业务有多深的理解？

在上述过程中，除了项目筹建应该发放固定激励外，剩下的所有阶段都应该建立计点或提成逻辑，即让项目的收益和员工激励形成正相关关系。至于激励形式究竟是给"股权"，还是"期权"，还是"虚拟股票分享"，还是"奖金"；激励计量方式究竟是"通提"还是"超额提成"；激励周期究竟是"平滑提成"，还是"跳点提成"……有无数的设计技巧在里面。

必须强调的是，在激励机制设计上的投入很值得。激励机制上稍微灵敏一点，人才作为被激励者的感知完全不同。因为，这种焦点会在员工的关注中被迅速放大。另外，这种投入也是为了规避风险。我已经见过太多粗放设计激励机制带来的恶果：要么是钱发不实在，变成了空头支票；要么是钱发得太过粗暴，把风险全都留给了企业。

第二类是赋能型人力资源战略，也就是以未成熟的人才为中心追求创新井喷，为他们匹配系统的赋能设计，确保他们以最有效率的方式获得角色所需的知识，最大限度地提升他们的能力。

大多数企业将赋能型人力资源战略误解为"搞个企业大学/学院"，这也是不对的。赋能型人力资源战略不是老板带头上几堂课，做几个培训项目。其实，大多数有点余钱的企业，都愿意搞个企业大学，并将其作为文化圣地，但这并不能证明老板有决心做赋能。关键看企业形成了什么样的赋能机制，以及有没有决心在赋能机制设计上下功夫。

选择这种战略，有必要讨论的依然是设计方法。一是需要深度理解各类人才仓的业务场景；二是需要基于这些业务场景的赋能需求进行知识管理，即实现知识的萃取、沉淀、分享。知识管理并不是整理一些文本，而是要在若干的职能或业务领域推动标准化、信息化、数据化、模型化、基线化，这又需要HR与数据打交道，似乎又挑战了人力资源专业传统的工作方式。

以某个处于快速发展期的业务为例。这个业务已经跑出了样本，现在只需要快速复制即可，但是，企业管理者却发现他们的人才供给跟不上发展需求。于是，在他们布局的若干市场内，都出现了"把娃娃兵推上一线"的尴尬。一般企业的操作是，一边外引培训讲师导入"专业方法论"，一边让业务尖兵导入"业务方法论"，但这样做的效果通常是微乎其微的。

HR应该做的，是在全面分析业务的基础上，用专业方法论搭框架、做催化，推动业务尖兵提炼出自己的方法论。比如，在整个服务流程中，客户有几个最能影响感知的"关键时刻"（moment of truth，MOT）？再如，客户购买决策是基于哪几个损益考虑的，能否建立一个决策模型，帮助业务人员找到撬动购买的关键动作？业务尖兵有做业务的"手感"，但他们很难在没有帮助的情况下提炼出这些方法论。他们是好的课代表，但一定不是好的班主任或校长，HR 的价值正在于此。

在实践中，HR 对于某个领域的实践相对有限，但这并不是一个舒适区。随着市场的不确定性加剧，随着业务发展的需求越来越强，传统的企业大学模式必然遭遇挑战。2021 年 12 月 7 日，字节跳动由于质疑其人才发展中心（培训模块）的价值而将其整体取消，正是这种挑战的集中体现。从事赋能工作的 HR 走向知识管理，已经是看得见的趋势。

在数字化时代，赋能机制的规律已经变了，不再是传统的"慢工出细活"。当企业能更快速地将最佳实践和最坏教训提炼、分享到整个组织，效果一定是立竿见影的。尽管人才成长依然需要一个投资期，但"投资"的更多时间是花在了知识管理上。当然，在知识管理上投入后形成的赋能机制，也能让企业站在一个更高的点上。

有意思的是，我常常在我的课堂上对学员抛出一个问题——您的企业究竟应该选择哪种人力资源战略？如果学员是老板，80% 以上会选择激励型人力资源战略；如果学员是 HR，80% 以上会选择赋能型人力资源战略。老板图快，自然喜欢调整激励；HR 要施展空间，自然希望做长线赋能。如果每个人都奉行"手中握的是锤子，所有事都是钉子"的逻辑，真的合适吗？

人力资源战略如何选择，已经到了不得不说清楚的时候了。在一个更长的周期内（3～5 年，甚至更长），应该思考下面三大决策点。

决策点 1：北极星指标

第一个决策点，是要在理解战略的基础上明确关键业务产出。

北极星指标是我常常引用的一个概念，如果企业只能关注一个指标，这个指标就是北极星指标。

这个指标的确定，反映了企业对于生意的理解。这种理解来自企业的业务战略，如果业务战略清晰，就能从千头万绪中找到北极星指标。只要比竞争对手更专注于北极星指标，在资源量相当的情况下，企业更有可能从竞争中脱颖而出。

举例来说，互联网行业普遍关注的活跃用户数对于不同商业模式的意义大不相同。对于领英（LinkedIn）这类职场社交产品，用户可能仅仅在需要时才登录，此时，过于激进地去增加活跃用户数就没有太大意义，应该关注的指标是线上简历的数量。对于爱彼迎（Airbnb）这类产品，太多的注册用户数只是一个幻象，更多的订房数才是关键。

再举例来说，电商类产品与社交类产品比拼"用户占用时长"没有任何意义。即便在电商类产品里也有所不同：阿里这类传统电商明显更重视商户指标，其使命是"让天下没有难做的生意"，关注的是商户端的活跃度，其逻辑是有了更多的商品自然可以吸引到用户，所以，"有效的待售商品数量"必然是其重要指标。小红书、蘑菇街这类社交电商则更关注用户端的活跃度，其逻辑是有了社交互动，才能形成头部用户（"大 V"）引领的消费热潮，此时，商品的引入就水到渠成。

在这一步，人力资源部需要做好一个思想准备——企业的战略并不清晰，HR 很难锁定北极星指标。但我并不主张 HR 在这一步"躺平",如果在一个错误的业务战略的基础上做人力资源经营,怎么做都不可能成功,最多不过是让失败变得好看一点。但这又有什么意义呢?在我主张的人力资源经营模式里,HR基于人才流视角,面向业务流和资金流,主动与老板沟通战略,应该是一种常态。

在具体的做法上,我提倡一种我称为**"杠杆测试"**的原创方法,即分析不同业务指标的提升对股东的影响大小,从而找出最具有杠杆效应(最需要关注)的北极星指标(见图6-2)。

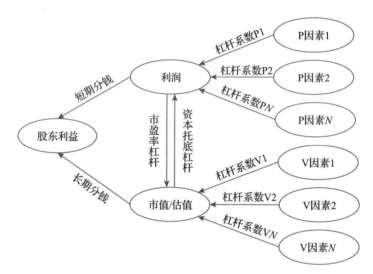

图6-2 股东利益驱动因素的杠杆测试

资料来源:穆胜企业管理咨询事务所。

整体来看,股东追求的结果有两类:一是利润,二是市值/估值。稳扎稳打的企业看利润,认为市值或估值是基于利润,用市盈率等指标撬动的结果。而相对激进的企业瞄准另一些可以撬动市值或估值的业务指标,甚至可以牺牲利润,因为有一、二级市场上的资本可以托底。

两种逻辑都说得通，没有对错，关键是老板作为大股东如何选择。有意思的是，HR们经常默认为自己的公司一定会选择稳扎稳打。于是，人力资源工作的起点就错了。其实，HR们的首要工作就是和老板沟通，明确他们在路线上的选择。遇到"既要又要"的老板，还要帮助他们分析形势，痛下决心，沟通好人力资源战略的起点。

在起点明确的基础上，我们有必要为特定的起点建立"基本增长公式"（fundamental growth equation），并纳入主要影响因素。在此基础上，就可以测算出不同影响因素的杠杆系数。

杠杆系数主要受两个方面的影响：一是因素的撬动作用，即该因素对于利润或估值（市值）的影响度有多大；二是因素的可影响程度，即该因素究竟在多大程度上是可以被影响到的。杠杆系数的测算是个难点，主要通过以下形式实现。

- **计算逻辑推演**——如果公式非常明确，就可以直接找到杠杆系数。比如产值＝产量×产品价格，如果产品价格不能改变，产量对于产值的杠杆系数就是1。
- **企业数据统计**——如果公式相对模糊，就需要通过企业过往的数据，统计出杠杆系数的规律。这里，既可以使用简单的描述性统计，如统计出S类客群的线索转化率，即线索数量与成交量（或成交额）之间的关系，也可以使用分析性统计，如应用回归类分析软件（SPSS、EViews等）。企业数据统计适用于数据基础大的企业，企业的数据越翔实，统计结果越准确。
- **竞争对手数据抓取**——如果企业数据基础较弱（如企业刚成立），就需要通过竞争对手的数据，统计出杠杆系数的规律。

但需要提醒的是，由于商业模式、业务流程等不尽相同，这里的杠杆系数并不一定准确，更适合作为起步数据。
- **主观数据模拟**——如果行业是一团乱战，企业自己没有数据，竞争对手也没有数据，此时，就可以使用这类方法。我们可以用结构化的问卷，让专家或客户代表填写，统计出主观数据，而后通过结构方程模型（利用 Amos 软件）得出杠杆数据。

有时，我们还应该寻找"驱动因素的驱动因素"，找到最应该聚焦发力的北极星指标。举例来说，A、B 两家公司都锁定了"活跃客户数量"这个指标，并把活跃客户定义为"每年 3 次复购且购买金额在 100 万元以上的客户"。但是，A 公司进一步穿透这个指标，在"活跃客户"定义的基础上增加了"单点采购"（独供）的标准，定义了"超级客户"，并聚焦到"超级客户数量"这个更具杠杆效应的指标。显然，在资源投放上，A 公司可能更加聚焦。如果 A、B 两家公司的资源量级相当，那么，最后胜出的大概率是 A 公司。因为，对于某个超级客户来说，他们受到 A、B 两家公司的关注是完全不同的。

北极星指标的确定，也决定了后续的激励和赋能方向，是我们选择人力资源战略最重要的支点。反过来说，如果没有明确这个指标，激励和赋能的着力点就很有可能放错了地方。

在激励上，对一个成熟业务考核营收，就是不理智的，结果可能是收入进来了，但成本费用把利润吃没了。反过来说，对于一个初创期业务考核利润，也是不理智的，可能导致团队畏首畏尾，业务龟速前行。

在赋能上，对一个成熟业务，财务模型固定，只要通过赋能标准化动作来跑量就好。反过来说，对于一个初创期业务，只有更多地赋能创新，形成若干领先于行业的关键认知，才能实现业绩突破。

决策点 2：建队思路

第二个决策点，是要找出能提升北极星指标的人才队伍，明确建队思路，主要是明确三级重点人才仓。

第一级人才仓是核心人才仓。"20%的人推动了80%的关键业务产出"，这个规律虽然粗放了一点，但基本还是成立的。这20%的人就是企业的核心人才仓，他们是企业人才队伍的"长板"，决定了企业的"上限"。

形象点说，这有点像打篮球，球队的北极星指标导向决定了建队思路。

如果是主打进攻，强调"跑轰"（gun and run）的球队，要求10秒完成进攻，每场得分必须120分以上，那么就应该以控球后卫为核心来建队。道理很简单，控球后卫决定了球场的节奏。

如果是主打防守，强调护篮的球队，要求每场把对手的得分限制在90分以下，命中率限制在40%以下，那么就可能要以机动能力极强的中锋或大前锋为核心来建队。道理也很简单，这类角色可以积极换防、补防每一个漏洞。

第二、三级人才仓分别是周边人才仓和次周边人才仓。人才队伍是个整体，围绕核心人才仓，还应该有周边人才仓和次周边人才仓来形成支持。而在这些人才仓中，有一部分人又显得特别重要，他们是企业人才队伍的"短板"，决定了企业的"下限"。

在1~2年的短期方案（人力资源战略地图）里，我们主要通过补齐"短板"来撬动人效，这是企业都比较青睐的"速赢方案"。到了3~5年的决策周期，应该如何建队呢？应该将"补短板"和"拉长板"的思路融为一体，或者说，"补短板"是为了"拉长板"，而"拉长板"在很大程度上也能够"补短板"。

我之所以提倡"人才仓"的概念，是因为人才的激励与赋能本质上就是投资，从投资的视角来理解，更容易洞悉本质。这里，我提倡一种我称为**"波段分析"**的原创方法，这个方法共分三步。

第一步，确定人才阵型，锁定重点人才仓。

人才阵型有三个维度。

一是**攻防理念**，即兵力在组织构型（业务流程、组织结构、岗位系统等）上的分布原则。用足球的语言来说，究竟是防守反击、进攻压制，还是全攻全守。具体来说，包括以下两个理念。

- **防守理念**——如何维持住客户体验，确保客户不离开？
- **进攻理念**——如何创造差异化客户体验，帮客户下决心？

所谓建队思路，目的是在人才队伍上相对于竞争对手形成田忌赛马的效果。这必然是通过人才阵型上的独到设计来达成的，设计的核心就是攻防理念。攻防理念围绕客户体验来陈述，更像是业务逻辑，却深刻地影响了人才队伍的兵力布局。通俗点讲，一旦确定了攻防理念，就会影响企业整体的兵力分布，从而影响组织构型，如业务流程、组织结构、岗位系统等。这个维度可以用我提出的扁平化指数、战斗人员占比等指标来衡量。

二是**人才站位**，即依靠哪几个重点人才仓去作战，这是兵力的进一步分布。用足球的语言来说，就是谁是前锋，谁是中场，谁是后卫。通常，企业至少需要找到核心人才仓、周边人才仓和次周边人才仓这三级人才仓。为了实现这些人才仓的定位（站位），就需要规划出各类人才仓的人才数量、质量和结构。

人才站位由前面的攻防理念决定，两者必须保持高度一致。举例来说，一个 to B 企业确定了以强力的研发实力来实现进攻压制，却在研发人才队伍上舍不得投入，客户很难形成产品的差异化体验，自然无法下决心买单。这就相当于足球场上只安排了一个前锋，还高喊着要大举进攻，这显然是不理智的。

三是**配合打法**，即三级人才仓之间是如何配合的，这有点像是一种协调机制。用足球的语言来说，就是如何阻断对手的进攻，自己如何传球实现破门。再说简单点就是，防守上，设置几道防线，相互之间如何配合以消解对手的进攻；进攻上，谁伴攻，谁助攻，谁主攻，在什么位置上突破防线（后场长传冲吊，还是中场传切渗透），谁来送上致命一击。企业需要厘清自己的主要竞争力，以谁为竞争力的箭头，其余人才如何配合。为了贯彻这些打法，就需要衡量各类人才仓的产出，以便牵引它们的行动。

配合打法显然是由人才站位决定的，两者也必须保持高度一致。依然继续上面的例子，该企业确定以研发团队作为进攻箭头，形成差异化的客户体验；要求商务团队能够发现客户关键需求点，创造出进攻机会，让研发团队的研发优势能够一击即中；要求交付团队维持住交付水平，形成坚实的防守，至少不被对手抓住短板，击败产品。显然，只有确定了人才站位，才能形成配合打法。如果该企业将交付人才作为进攻箭头，无非就是主张自己虽然提供的是与竞争对手相似的同质品，但办事更扎实，输出更稳定，那就是另一套配合打法了。

确定人才阵型关键是要从组织构型的四个维度梳理人才仓，即沿着"商业模式—业务流程—组织结构—岗位系统"的路径，筛选出三级重点人才仓。**这是在组织构型的设计之后，组织设计的进一步具象化，只有明确了这个组织设计，人才之间才能形成良性的"化学反应"。**显然，这是企业的人力资源必须要解答却常常忽略的一个关键问题。在实践中，这应该由人力资源部的组织开发（OD）人员来完成，但显然，绝大多数的 OD 人员并没有把这个工作做好。

在上面的例子中，该企业显然主打"重产品"。研发团队应该是核心人才仓；商务团队要通过顾问式销售的方式过滤客户需求，传递产品价值，显然是最重要的周边支持；产品销售之后的交付团队实现了服务承诺的闭环，也很重要。那么，这个企业就形成了"研发团队—商务团队—交付团队"三级人才仓搭配的人才阵型，以客户体验为前提，围绕研发团队这个核心人才仓，形成了支持力量，但重要性向外递减。当然，如果深入到岗位系统的颗粒度，我们还要对研发、商务、交付三个团队进行人员过滤，发现真正需要关注的"人才仓"。

在辅导企业的过程中，我看过太多的人才阵型混乱。很多老板喜欢基于业务，跳过人才阵型（组织方面的设计），直接谈干部的不足。在人才阵型上，他们喜欢以现状作为起点，通过情怀鼓舞的方式鼓励员工要"大胆作为"。把他们的话翻译一下，就是要求前锋、中场、后卫都能攻守全能，甚至守门员也得冲到前场去进球。其实，人才阵型不清晰,对员工的要求就模糊,给予再多的情怀鼓舞也没用,对于员工反而是负担,因为没人能达到老板的高要求。另一个恶果是,每个员工都以为自己是核心,于是各自为政,不停地为自己"加戏",完全没有协作意识。这种状态,就好比一群初学者踢野球,都在追着球跑,看似挺积极,其实一团乱。

现实情况是,绝大多数的企业人效太低并不是因为人才不给力,更有可能是人才阵型问题。

第二步,要为不同的人才仓分配波段。

对于不同的人才仓来说,对其投资的规律显然不同。我们应该分析每级人才仓的特征,为其分配波段。我们要确认两个信息。

- **信息1**——这级人才仓的起点是哪里,即现有状态如何,是否有机会干、有能力干、有意愿干?
- **信息2**——这级人才仓的发展曲线是什么规律,如果人力资源各类动作(调配、激励、培养等)发挥作用,人才会呈现什么样的成长趋势?

假设一种最极端的情况,企业的人才完全是从校招生开始培养的,类似宝洁的模式。那么,人才仓统一都是从纵轴上的 O 开始的,我们可以专注于发展曲线的规律。假设有规律如下(见图6-3)。

研发人才需要的投资期最长,但穿过拐点后,企业却能获得最大的收益(员工产出的业绩);商务人才需要的投资期居中,穿过拐点后,企业获得的收益也居中;交付人才需要的投资期最短,穿过拐点后,企业获得的收益最小。

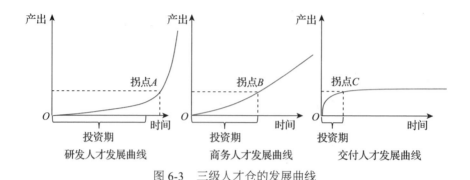

图 6-3 三级人才仓的发展曲线

资料来源：穆胜企业管理咨询事务所。

第三步，进行叠加分析，确定建队思路。

当我们明确了企业所要追求的北极星指标，又明确了每级人才仓的投资规律，就可以将其叠加，明确建队思路。建队思路也有两条原则。

1. 原则 1：波段搭配、均匀输出

落地这个原则的主要方式是检验"波段空隙"。 在每个阶段，企业都要有主力的人才仓实现提升，从而支持北极星指标的持续提升。反过来说，一旦波段之间存在较大的空隙，就应该考虑将后面的波段向前推，或者在空隙中间注入新的"有生力量"。

我们会发现，在确定的人才阵型下，不同的人才仓都有明确的站位。有的人才仓是负责进攻的，负责碾压对手，形成竞争优势；有的人才仓是负责防守的，不出问题就行，让企业保持在竞争格局中不掉队。

但竞争格局是动态的，所以，尽管我们确定了三级人才仓的站位，但其各自的作用在不同的时期却可能有所变化。例如，原本确定以研发作为核心人才仓，形成进攻箭头，但在这类人才成长起来之前，企

业可能要主打商务这个周边人才仓。这有点像是足球场上的前锋在被对手盯死时，选择通过边后卫插上的方式寻找进攻空间。

2. 原则 2：波段协同，阶梯上扬

落地这个原则的主要方式是检验"溢出效应"，即所有人才仓的提升，都要服务于长期核心人才仓的提升，产生一种能力溢出的效果。形象点说，每个人才仓的提升，都能或多或少地"外溢"影响，支持核心人才仓的提升。极端地说，即使核心人才仓原地不动，但基于几个人才仓之间的协同关系，它也能得到其他人才仓能力溢出的正面影响。这里的关键在于，人才仓的规划必须要有整体思路，否则这种"溢出效应"就不存在。

在前面的案例中，即使研发人才仓的能力和意愿没有提升，但由于交付人才仓进步了，研发的成果能够"端到端"地抵达客户，看似研发人才仓也有效率了。

依然以上面的例子来说明问题。我们将三级人才仓的发展曲线在一个坐标轴内进行叠加，就很容易发现建队思路。由于核心人才仓的现有水平是白纸，其投资期又最长，应该为它的提升做铺垫，围绕它搭建周边团队，分别进行持续赋能。最终的理想状态是，研发人才仓能够碾压竞争对手，但这显然是不可能一蹴而就的。于是，我们规划了交付和商务人才仓短、中期的提升计划，让它们分别在第一年和第三年担任主力人才仓，确保企业在每个阶段都有可观的产出。如图 6-4 所示，从曲线上看，这种建队思路的确符合我们前面提到的两大原则，图中虚线就是企业通过各级人才仓提升实际获得的产出。

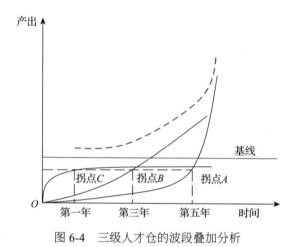

图6-4 三级人才仓的波段叠加分析

资料来源：穆胜企业管理咨询事务所。

考虑另一个主打"深关系"的企业。它的建队思路可能就是以商务人才仓作为核心人才仓，选择空降大量有社会资的商务人员，围绕他们建设周边团队，并利用这类人员可能"来之能战"的特点，进行精准激励。具体的做法可能是将周边团队一层层绑定到商务团队上，形成若干个经营单元，释放团队激励。最终的理想状态是，商务人才仓能够碾压竞争对手，即使产品竞争力稍差，商务环节也能弥补。

上述操作说明，每个企业的中长期建队思路都需要巧思。企业应该围绕核心人才仓搭建团队，也应该以它为核心做激励和赋能，激励和赋能更应该通过它渗透到周边团队去。不少企业的激励和赋能机制根本没有考虑价值创造规律，实际上把团队当作一个个原子，对每个岗位进行激励和赋能，这必然导致"撒胡椒面"的效果，各类人才得到的支持大大衰减。以人才赋能为例，不少企业习惯随便划出几支人才队伍，然后拟定几个精鹰、飞鹰、雄鹰计划，或旭日、朝阳、红日计划，而后做做专项培训，这显然是不够的。

决策点 3：战略选择

  前两个决策点确认后，企业自然也就确认了核心人效（窄口径人效），随后，就可以进行人力资源战略选择了，也就是第三个决策点。 其实，核心人效确认之后，企业自然可以明确应该使用哪些适配的选用育留职能工具，自然也就可以确认人力资源战略方向。

  大量 HR 甚至老板们，没有意识到职能工具的选择有如此重要的战略意义。在他们的认知里，选用育留每种职能只是一个体系零件，目的在于维持秩序，"把激励赋能每样工作做到位不是应该的吗？"

  如此一来，人力资源工作就彻底沦为了后勤，也根本没有必要制定战略。正是这种定位，使选用育留千篇一律、面面俱到，让人力资源工作越来越失去个性，也失去了支撑战略和推动经营的价值，更让企业彻底失去了组织能力的最大支撑。

  这样的话，人力资源工作的意义就是面向个人，而非激发人才队伍。就激励来说，不少企业的激励实际上都是对着个体 KPI 去的，绩效工资或奖金 = 基数 × 考核系数；就赋能来说，不少企业的赋能实际上也是对着个体的岗位职责去的，培训的都是岗位说明书上的固定内容。在这种机制下，大家拿自己的一份钱，学自己的一份技能，导致部门墙、团队墙、岗位墙越来越厚，这非常有问题。

  不仅是老板不重视人力资源战略，HR 往往也想当然地忽略人力资源战略。没有人效作为检验的标准，人力资源部的工作就没有检验标准，自然没有必要关注自己的战略。一旦明确了人效的经营意义并将其作为追求目标，并导入人效管理，人力资源部就会审慎选择战略，各模块协同作战，打出章法。

为了打破上述陈规陋习，这里，我们再次引入一个名为**"人力资源战略罗盘"**（HR compass）的原创工具，这一工具有三步。

第一步，要基于核心人效，陈列一切可行的人力资源工作。

选择了北极星指标和建队思路，企业就选择了它关注的核心人效（窄口径人效）。而后，就应该选择各类选用育留的职能武器，来推动北极星指标的达成。面对核心人才仓的状态，面对他们需要带队抵达的北极星指标，专业的 HR 可以发现 3～5 年内的各种机会，如何进行职能运作已经非常明显了。所以，选用育留的传统手段是可以罗列穷尽的。在此基础上，我们可以加上若干近年来涌现的人力资源职能创新，形成企业的"武器库"以供选择。

借助数字化时代的便利条件，当前的人力资源职能创新已经如火如荼。

我们发现，先进企业的激励机制都在升级，走向了"市场化激励"，导致分配差距越来越大。从我们 2022 年 5 月发布的《2021 中国企业平台型组织建设研究报告》中的数据来看，组织内已实行对赌激励的企业占比 27%，这可能远远超过了大多数人的想象。《2021 中国企业人力资源效能研究报告》也披露了当前企业的激励真实指数有明显的提升。这些数据是交叉验证的。

我们还发现，先进企业的赋能工具也在升级，走向了"知识流赋能"，人才出成效率越来越高。这些企业都能快速地抓取一线最佳实践，整合到企业的知识体系里，并通过最有效率的方式进行"知识流分发"，让员工能接收这些知识模块并即插即用。当然，在赋能机制上的进展相对激励机制要更落后一点，这是业界现状。

在这一步里，我们不妨开展头脑风暴，收集来自 HR、业务部门，甚至老板的一切创意。从不同视角的感性描述里，我们能看到最有可能发挥作用的职能武器。更重要的是，这个信息收集的过程形成了双向沟通，让以后人力资源政策落地时更有群众基础。我们还可以将视野放到行业竞争对手和泛行业标杆身上，找到更多的可能性。需要强调的是，这一步不要对信息进行过滤，要保持其原始状态，一定要避免遗漏。

第二步，要将陈列的人力资源工作思路进行归集，将其分为组织设计、激励机制、人员调配、赋能机制、人员评估五类。

这个分类来自我提出的"人力资源专业体系 House 模型"（见图 6-5），几乎囊括了所有的人力资源职能工作。因此，前一步收集的所有职能武器，都可以归集到这五个类别里。

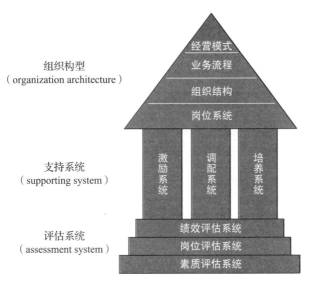

图 6-5　人力资源专业体系 House 模型

资料来源：穆胜企业管理咨询事务所。

- **组织设计**——针对组织构型进行设计，从宏观到微观依次为经营模式（商业模式）、业务流程、组织结构、岗位系统，从这四个维度确定企业的分工系统。这是组织开发覆盖的领域。
- **支持系统**——包括激励、调配、赋能三大系统，分别让员工有机会干、有意愿干、有能力干，让组织设计的分工系统得以落地。
  - **激励机制**，即支持系统中的激励系统，这是薪酬绩效职能（compensation and benefits，C&B）覆盖的领域。
  - **人员调配**，即支持系统中的调配系统，这是人员配置职能（staffing）覆盖的领域。
  - **赋能机制**，即支持系统中的培养系统，这是人才发展（talent development，TD）或学习发展（learning development，LD）职能覆盖的领域。
- **人员评估**——针对评估系统进行设计或应用，从输入到输出依次为素质评估（输入环节）、岗位评估（过程环节）、绩效评估（输出环节），这为三大支持系统提供了客观的数据标准，是其高效运作的基础。

这一步，我们还需要对前面收集的人力资源工作思路进行处理，将其由仅仅是"想要"（want），过滤为同时符合"需要"（need）和"能做"（can）两个标准的结果（见图6-6），可以进行以下几类处理。

第六章　人力资源战略制定　93

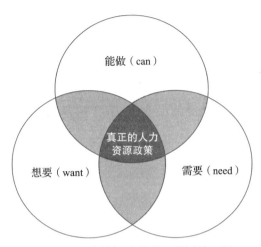

图 6-6　人力资源政策的三种过滤口径

资料来源：穆胜企业管理咨询事务所。

- **去重**——把一些重复的描述删除，聚焦真正的"想要"（want）。由于信息收集的对象是不同群体，出现重复描述很正常。
- **去虚**——把一些不可能落地的描述删除，变成"能做"（can）。由于人力资源工作思路收集的对象并非都是人力资源专业人士，他们很有可能畅想一些不可能的操作。另外，在竞争对手处收集到的标杆实践，也很可能在本企业难以落地。
- **去伪**——把一些不必要的描述删除，变成"需要"（need）。

第三步，要在"人力资源战略罗盘"上进行经纬度定位，明确人力资源战略。

当我们将所有职能武器在人力资源战略罗盘（见图 6-7）上列阵，就很容易发现企业的导向，人力资源战略选择就一目了然了。

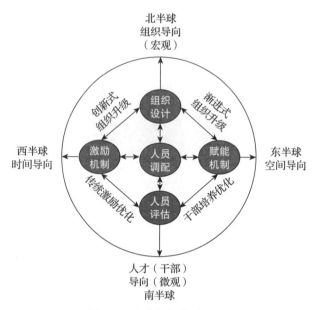

图 6-7 人力资源战略罗盘

资料来源：穆胜企业管理咨询事务所。

一方面，在横向中轴线上的选择反映了企业的收益诉求。如果重仓西半球，就是激励型人力资源战略，即用激励激发团队战斗力，强调快速产出的"时间导向"。反之，如果重仓东半球，就是赋能型人力资源战略，即用赋能激发团队战斗力，强调深耕后井喷的"空间导向"。

另一方面，在纵向中轴线上的选择则反映了企业的变革决心。上面的北半球是强调从组织角度去进行调整，动作可能更大，其实是在选择不同路线打造平台型组织（platform-based organization）。下面的南半球则是强调从人才角度去调整，主要是针对干部，动作可能稍微温和，其实是在选择不同路线做人才管理（talent management）或干部管理。

罗盘中，唯有人员调配是中性的人力资源政策，不具有战略选择的属性。这意味着，调配职能在不同的人力资源战略选择下，可能呈现出不同的策略特征。

我们通过加入"组织—人才"维度的选择，将原来的两类人力资源战略拓展为四类。

- **选择1：创新式组织升级**——组建跨部门的经营单元，连接前中后台，以经营价值为基础进行市场化激励和合伙式分配，实现"人人都是自己的CEO"。这种方式依然需要业务流程、KPI等管理基础，却是在一定管理基础之上通过"并联"○员工利益，使其共同面对市场创造经营价值，用个体之间的机动性来解决流程不够灵活的问题，同时也能让流程上的最佳实践自动涌现。○

- **选择2：渐进式组织升级**——以流程再造、知识管理等方式为切入点，核心是推动业务标准化，比较流行的形式是建设业务中台或数据中台（两者合称数字中台）。这一步完成后，企业也会将流程节点并联，形成经营单元，因为流程不能解决各个节点"同一目标"的问题，反而会因为"各管一段"形成更大的隔热层。将各个流程节点并联正是以华为为首的企业实践的集成产品研发流程（IPD）、集成供应链管理流程（ISC）等变革，并联就是"集成"。

○ 即让员工面对同一个经营目标承接各自责任，共同为经营目标负责，同时也为自己的专业目标负责。这是平台型组织里各个经营单元的典型特征。

○ 详见拙著《平台型组织：释放个体与组织的潜能》《重构平台型组织》等。

- **选择 3：传统激励优化**——迭代传统 BSC+KPI 考核，导入新兴考核工具（如 OKR 之类），加载新兴激励模块（如各类专项激励），极致解码战略，考核员工在分工内的专业价值，并匹配各类激励。
- **选择 4：干部培养优化**——以培养干部为切入点，推动将优秀干部的最佳实践标准化、共享化，在企业的各个专业领域建立有巨大优势的知识体系。而后，基于这些知识体系，延伸出能力分级体系，形成阶梯密集、进阶规则明确的职业通道，提升企业赋能效率。

由于我们在前两步已经过滤出了所有最需要（need）和最能做（can）的动作，这里的判断就反映了企业实际的人力资源战略方向。有时，老板们可能会高呼"既要、又要、也要、还要"，但从罗盘上看，他们的选择可没那么多。

我们不会否认一个常识——要避免业务战略上的"骑墙"。同理，人力资源战略同样不能"骑墙"，否则，企业有限的资源会像"撒胡椒面"一样被分散消耗掉，同时，人力资源规划也会乱作一团。我的意思是，企业可以在上述几个方面都弥补自己的弱项，但一定要有一个工作的主线，将资源和时间优先投入在这个主线上，这就是人力资源战略选择。

大多数企业由于存在多元业务，从严格意义上说，都在同时运用多种人力资源战略。但在它们的主要业务里，人力资源战略一定是相对明确的，这个主线就是企业人力资源管理的"魂"。这就好比，一个从拳击转入综合格斗的选手，必杀技一定还是拳头，而一个从摔跤转入综合格斗的选手，始终想要用地面的摔跤技巧终结对手。只有华为那种组织能力极强的"六边形战士"，才能够同时运用好两种人力资源战略。

在这个罗盘上，我们也可以发现四个象限对应了四种人力资源战略倾向，企业自然应该根据不同的战略倾向，选择不同的 HRD 来引领战略。在我的观察里，不少企业的 HRD 空降失败，都是因为他们自身能力特征和企业人力资源战略选择的错配。说白了，并不是将军不好，而是选了不适合的将军去打特定的仗。

偏组织导向的人力资源战略里，HRD 应该"会动脑"思考宏观，"会动嘴"协同各类利益相关者；偏人才导向的人力资源战略里，HRD 应该"会动手"设计出方案，"会动脚"奔走于基层；偏时间导向的人力资源战略里，HRD 应该有 C&B 的工作经验；偏空间导向的人力资源战略里，HRD 应该有 LD 或 TD 的工作经验。

当企业用"人力资源战略罗盘"诊断出了战略方向，还应该用人力资源战略检验五星模型（见图 6-8）进行检验。

图 6-8　人力资源战略检验五星模型

资料来源：穆胜企业管理咨询事务所。

- **标准 1：有限目标**——在支持生意上，是追求有限目标还是追求无限目标？想要把目标定得大而全、面面俱到，罗盘上四个方位都要，多半就是失败的人力资源战略。
- **标准 2：压制竞争对手**——在组建团队上，有没有考虑对竞争对手形成"田忌赛马"的压制？如果仅仅考虑企业自己的情况，而没有洞察对手的情况，人力资源战略就会很不严谨，失败的可能性极大。
- **标准 3：队伍现状**——在组建团队上，有没有考虑队伍现状，提出有可能达成的目标？即使是使用时间导向的激励型人力资源战略，依然要考虑队伍现状。人力资源工作注定是一个具有连续性的过程，不可能一蹴而就。
- **标准 4：时间窗**——目标是否在 3～5 年的时间窗口内考虑了选用育留的手段？要考虑在人力资源战略制定的周期内，围绕这个战略主题布局的人力资源职能是否能够发挥作用。
- **标准 5：HR 团队**——以当前 HR 团队的水平，是否可以驾驭所需的人力资源职能，落地这个战略？前文已经提示了不同人力资源战略应该匹配不同的 HRD。不仅是 HRD，HR 团队也很重要，他们的能力和经验也应该与人力资源战略的方向一致、级别适配。

HR EFFICIENCY
MANAGEMENT

第 七 章

人力资源效能规划

人力资源规划是人力资源战略的具象化。

传统思路里，人力资源规划分两类：狭义规划是关于人才补给的规划，即人力资源经营价值链中队伍维度的规划；广义规划则是关于人力资源专业体系如何建设，即选用育留等职能如何运作的规划，也就是人力资源经营价值链中职能维度的规划。

形象点说，前者是人力资源专业体系这台"仪器"的生产计划，后者则是这台"仪器"的改造升级计划。显然，狭义规划是广义规划的基础，只有基于生产计划，才能确定这台"仪器"的改造思路。

按照人力资源经营价值链的逻辑，我们可以对两类人力资源规划进一步细化。人力资源狭义规划包括人效和队伍维度的规划，而人力资源广义规划则在此基础上进一步纳入职能维度的规划。人效规划—队伍规划—职能规划，依然是按照人力资源经营价值链的逻辑展开的。

人效规划是什么

传统的人力资源专业并没有给予人效这个概念足够的重视。自然，HR 习惯于在对业务战略进行逻辑解读后，直接确定队伍层面的人才需求，形成人力资源狭义规划。但这种"逻辑解读"极有可能是 HR 的一家之言。另外，基于这种非数量化的"逻辑解读"，很难在人才需求上进行精准定量。如此一来，人力资源狭义规划的质量就要打上大大的问号。

要实现对于人力需求的精准预测，一定要基于人效。因为，人效是对于业务战略的量化理解，明确了人力资源的投入标准，就能够精准连接队伍层面的规划。我们应该不难理解如下计算公式：

$$人力需求 = 业绩产出 / 人效$$

通常企业会对企业整体和各项业务进行业绩产出预测。那么，要明确人力需求，剩下的就是确定人效标准了。

人效规划，其实就是明确企业整体、各个业务单元以及各个业务单元中各组织模块（前中后台）的人效标准。或者说，人效规划就是对企业整体人效标准的分解。具体来看，有如下两个维度。

一是组织维度。每个组织都可以按横向的专业和纵向的层级进行拆分，拆分之后的每个模块，自然可以形成明确的人效标准。

二是口径维度。企业在核定人效标准时，必须有宽窄两个口径。宽口径人效解决的是整体人力需求预测问题；窄口径人效（核心人效）解决的是核心人力需求预测问题，其更决定了人力资源战略选择和战术打法。当然，我们也可以在宽窄之间加入若干的"夹层口径"，这会让企业的建队思路变得更加清晰，人力投入也更加精准。

上述两个维度组成了一个**"人效分解框架"**，成为我们解构企业整体人效的思路。在这个框架内，企业内的人效标准分解得越细、越准，对于人力需求的预测也就越细、越准。

在人力资源战略制定的阶段，我们仅仅确定了企业整体的窄口径人效指标（核心人效指标），以此为基础，我们也不难确定宽口径人效指标。而后，我们还应该基于前文的"以终为始""趋势可及""压制竞争对手"三个标准，确定这两个指标的目标值。至此，企业整体的人效标准就确定了，这是进行人效规划的起点。

下一步，自然需要对企业整体的人效标准进行拆解，得出每个业务单元，甚至每个业务单元中各个组织模块（前中后台）的人效标准。

这里的**"业务单元"**（business unit，BU）是指具有独立的财务权、人事权和决策权的组织建制。事实上，当组织里的某个部分具备了上述"三权"，就已经具有明确的企业属性，而非仅仅是部门，是以"打粮食"为第一要务。而业务单元内的**"组织模块"**（organization modular，OM），则完全是部门属性，是以"完成任务"为第一要务。

其实，要为各个"业务单元"明确人效标准（指标和目标值），几乎等同于为它们做一次人力资源战略选择。一方面，选择人力资源战略，很大程度上就是在选择核心人效指标。另一方面，只有明确了人力资源战略，窄口径人效和宽口径人效才最有可能得到提升。

从整体来看，人力资源战略选择与规划制定，应该是一个自上而下的过程，沿着各级业务单元向下分解。在"企业—BU—次级BU"这个链条上，我们的方法论可以反复应用（见图7-1）。也就是说，链条上的每一级都应该选择人力资源战略（定方向），都应该制定人力资源规划（分数据），都应该绘制有人力资源战略地图（找打法），都应该抓取出人力资源效能仪表盘（做监控）。

需要明确的是，对于企业或业务单元，自然有必要制定人力资源战略和规划，也应该确定宽窄两个口径的人效标准。对于业务单元内的组织模块，就没有必要"大炮打蚊子"了，可以直接确定两个口径的人效标准，而后跟进选用育留职能的行动。这相当于跳过了战略选择和战略规划，直接行动。

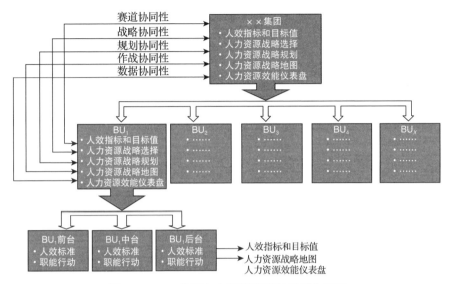

图 7-1　××集团人力资源战略与规划全景图

资料来源：穆胜企业管理咨询事务所。

在这个庞大的体系中，人效规划显然是最为重要的一个环节，因为其决定了企业整体和各级业务单元的人力资源战略选择，是一切的起点。难怪，我们将人效看得如此重要。总的说来，人效规划的确定分为四个步骤。

步骤1：业务分类分级

要明确人效，首先应该对企业的各类业务进行分类。当然，如果你的企业经营的是单一业务，且未来也不打算拓展，可以跳过这一部分。

按照业务战略，每个业务单元都有明确的定位。据此，我们可以明确各业务所属"大类"，即该业务究竟是利润池，还是增长引擎？简单来说，利润池就是"为自己赚现在的"，最终体现在本业务的利润上；增长引擎就是"为其他业务作嫁衣"或"为自己赚未来的"，最终体现在其他业务的利润上，或体现在自己业务估值或市值上。而后，各业务都有其所属"级别"，这是设定人效标准的基础。

对于利润池业务，盈利能力（包括未来的盈利能力）决定了其级别。具体来说，有如下分级方式。

- **按绝对量分级**——按照各BU的营收或利润水平等规模指标进行分级，优势是简单清晰，劣势是可能并未考虑各BU的经营难度。

- **按增长率分级**——按照各BU最近一年的增长率或最近几年的复合增长率进行分级，优势是考虑了增长势能，劣势是有可能鞭打快牛。

- **按竞争优势分级**——按照各BU相对竞争对手的水平进行分级，优势是战略导向，劣势是获取竞争对手数据有一定难度。

对于增长引擎业务，不同的业务特点各异，确定其级别自然需要更复杂的技术处理。这里，我给出一个我原创的"增长引擎业务分类矩阵"（见图7-2），即按照收益性和不确定性两个维度，可以把增长引擎业务分为四类。

- **要塞业务**——不确定性小，同时收益大的业务。这是企业经过验证打磨，最接近成功的业务，是通往"第二曲线"⊖的必经要塞。对于这类业务，企业应该将资源全力投入，形成饱和攻击的效果。

⊖ 英国管理学家查尔斯·汉迪提出的概念，他认为任何一条增长曲线都会滑过抛物线的顶点（增长的极限），持续增长的秘密是在第一条曲线消失之前开始一条新的S曲线，这条曲线被称为"第二曲线"。

- **赌徒业务**——不确定性大，但收益也大的业务。此时的企业像个赌徒一般，在这个业务上下注。但这里的赌徒并不是贬义，所有企业都需要以这种方式拥抱不确定性，这是"企业家才能"的体现。事实上，要塞业务往往也是从赌徒业务成长起来的。只是，应该控制好赌的范围。

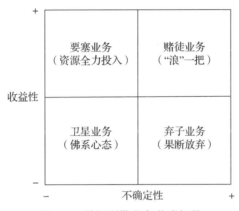

图 7-2　增长引擎业务分类矩阵

资料来源：穆胜企业管理咨询事务所。

- **卫星业务**——不确定性小，同时收益小的业务。这类业务不会对企业的母体造成太大影响，有点像是远方的卫星。对于这类业务，企业应该有佛系心态，控制好投产比即可。
- **弃子业务**——不确定性大，同时收益小的业务。这类业务无论如何计算都不划算，应该果断关停并转。

但是，上述的分类颗粒度还是太粗，需要加入一个新的维度——主业关联度，即这项业务与主营业务之间的协同效应。由此，我们可以将要塞、赌徒、卫星三类业务进一步分为六级。

- 一级：主业关联度大的要塞业务。
- 二级：主业关联度小的要塞业务。
- 三级：主业关联度大的赌徒业务。
- 四级：主业关联度小的赌徒业务。
- 五级：主业关联度大的卫星业务。
- 六级：主业关联度小的卫星业务。

主业关联度大，就是战略投资逻辑，除了看投资回报，还要看与主业的协同效应；主业关联度小，就是财务投资逻辑，完全看投资回报表现即可决策。五级业务是个关键的分界线，如果没有亏损，也没有浪费主业上的资源，可以保留，期待后续与主业产生协同效应。对于六级业务，则完全没有必要继续，要果断关停并转。

但从个人的经验来看，五级业务所谓的"没有浪费"几乎是不可能的。只要设置一块业务，多多少少都会牵扯老板和管理层的精力。除此之外，开展这类业务也会浪费"兵力"。说白了，既然团队能把这个业务做到"小赚"，为什么不把它布置在更高级的业务里呢？这类业务对于企业的消耗，往往是"温水煮青蛙"，流连于这种生意的老板，还在做生意的加减法[⊖]，格局小了。

有了上述的分级，就可以按照级别从高到低设置人效标准。在高级业务上可以容忍人效相对较低，这相当于在更有战略意义的领域饱和配置资源，加速把业务推入利润池。

⊖ 即把生意看作一些小生意的简单集合，而没有看成一个大系统。本质上，这还是没有看懂自己生意的表现。

步骤2：确定人效指标

不同类别业务的人效指标显然不同，即使在同一类别下，不同级别业务的人效指标也不相同。因此，确定人效指标应该具体情况具体分析。宽口径人效指标相对简单，重点在于如何确认窄口径人效指标。

一方面，要锁定产出的北极星指标（分子）。

对于利润池业务，关注的利润口径是不同的。从低级到高级利润池，我们关注的北极星指标应该依次为毛利、税前利润、净利、窄口径净利等。对于增长引擎业务，关注的产出口径是不同的，这个就没有规律可言了，具体业务具体分析。它们的北极星指标有的是用户数，有的是商户数，有的是营收，有的是交易额……换句话说，利润池业务由于业务相对成熟，产出是相对显化的经营业绩；增长引擎业务由于业务处于初生阶段，产出相对模糊，尤其需要深入分析。

我们会发现，在大多数的企业里，大部分业务只有经营层面的业绩预测（预算数），而这个数据并不一定是基于业务推导而来的，有的甚至完全是老板"拍脑袋"拍出来的。这可能让人惊讶，但事实就是如此。如果企业本身都很难确定业务层面的北极星指标，传统HR就更加无能为力了。

这里就有必要利用前面提到的"杠杆测试"原理，以便穿透这些次级或次次级的驱动指标，抵达北极星指标。显然，这又是一个必须要深入业务才能完成的工作，但新兴HR作为C3成员之一对此责无旁贷。

另一方面，还应锁定人力投入指标（分母）。

对于利润池业务，由于其已经走过了摸索期，业务运转比较顺畅，建队思路比较成熟，核心人才仓相对明确，因此，只需要沿袭过去的建队思路，核定宽窄两个口径的人力投入指标即可。对于增长引擎业务，由于其尚且处于摸索期，业务运转存在极大的调整可能性，建队思路也处于持续迭代中，因此，我们要对建队思路进行推敲，要明确核心人才仓、周边人才仓和次周边人才仓，这注定了增长引擎业务的人力投入指标相对复杂。

利用前面提到的"波段分析"原理，我们就可以找到合理的建队思路，锁定需要关注的人力投入指标。值得一提的是，由于需要下沉到业务单元的层级，制定建队思路可能更加复杂。具体来说，除了要符合企业整体的建队思路要求，以便获得企业层面的人才成长支持，还要符合企业对于该项业务的预期，能够支撑北极星指标的增长，更要考虑人才队伍的现状，具有调整的可能性。考虑到传统 HR 的专业属性，这项工作尽管复杂，但仍有巨大的发挥空间。

除此之外，有必要验证人力投入指标对于北极星指标的驱动作用，以便确定人效指标。

当北极星指标和人力投入指标都被确定后，应该能发现两者之间明显的被驱动关系，进一步看，还能发现选用育留职能注入之后的巨大的人效提升空间。如果没有这种明显的发现，那么，就有必要重新寻找分子分母来构造新的人效指标。

必须要认识到，如果仅仅是机械叠加两个指标，形成人效指标其实没有任何管理意义，这个指标自然也不能作为人力资源战略选择和规划制定的起点，勉强绘制的人力资源战略地图和效能仪表盘自然也不可能科学。

实践中，不少企业喜欢先把整个规划的流程走完，而后再来对版本进行迭代更新，这种做法也是非常错误的。人效指标，尤其是窄口径人效指标（核心人效指标）没有找准，就不应该把步骤往下走。基础错误的版本，根本不值得投入精力去迭代。

步骤 3：确定人效目标值

当我们为每个业务单元确定了人效指标，接下来就应该为这些人效指标确定目标值。由此，我们需要对利润池和增长引擎划分级别。举例来说，即使两个业务都是利润池，都考核人均利润，但由于分属一二级利润池，显然，就应该为一级利润池设定更高的目标值。

人效目标值的设置，一般有以下几种方法。

- **标杆基准法**——选取一个优秀竞争对手进行对标（benchmarking）。
- **目标逆推法**——根据需要达成的战略目标，反推在人效上需要达成的目标值（见图 7-3）。
- **趋势外推法**——根据过去人效的历史表现，推导到下一个周期的目标值（见图 7-4）。如果是持续上升的指标，可以计算一个复合增长率并在此基础上做调整，也可以使用回归预测；如果是波动的指标，即没有明显的趋势，可以设定上限与下限值，取某个分位数据。
- **内部博弈法**——如果缺乏标杆数据、战略目标、历史数据，HR 就只能在与业务部门打交道时，凭借感觉进行目标设置，并在收到业务部门的反馈后进行调整。从严格意义上说，这种方法有点不严谨，说白了就是"菜市场议价模式"，但对于初步实施人效管理的企业，总得有个第一期的数据，这种方法还是有其必要性的。

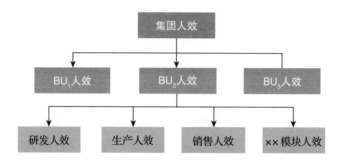

图 7-3　目标逆推法

资料来源：穆胜企业管理咨询事务所。

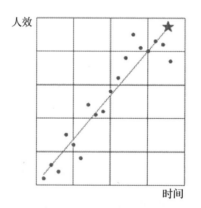

图 7-4　趋势外推法

资料来源：穆胜企业管理咨询事务所。

我们应该明白，无论采用何种方式进行计算，总会有人质疑这些目标值的准确性。合理的目标值是用数据喂养出来的，只有一次次地收集和应用数据，才能让目标值逐渐逼近真实。没有第一步，真实无从谈起。

另外，除上述方法外，最重要的是要考虑不同业务之间的"松紧控制"。比如，哪些业务要收效能，哪些业务要放效能？收到什么程度，放到什么程度？这就会反向拷问对于业务重要级和输出规律的理解了。

其实，各类业务之间的人效并不是孤立的，某类业务放松的人效空间，来自其他业务形成的人效红利。我把这些红利叫作**动态余量**（headroom），这个指标也可以理解为"富余的业绩"（可出让的业绩）。确定各个业务上的人效指标，就是在分配动态余量。直观来看，这边要放一点，那边就要收一点，总之，最后的总账要算得过来。到了这一步，就有点做投资的味道了。这里又有两种思路。

一种是稳健思路，以利润池的增量来计算动态余量，这是大多数企业的做法。这意味着企业认为，在增长引擎上能够放松的人效空间，主要应该来自利润池形成的红利。其计算公式如下：

动态余量 =Min（人效优势空间，人效加速空间）+ 资本容亏

- **人效优势空间**——相对竞争对手的人效优势空间。企业的生存是基于竞争的，如果能比对手跑得更快，拉开了一段距离，就有资格减速放松一下。所以，相对竞争对手的人效优势空间，也就是企业可以放松的人效红利空间。
- **人效加速空间**——相对匀速发展的人效加速空间。按照企业一般的发展速度，人效水平是可以预测的。如果在这个数字的基础上有个增量，那么，增量就应该算是通过管理"管"出来的"加速空间"，也就是企业可以放松的人效红利空间。

- **资本容亏**——企业留存下来的利润，是"家底"，在可控范围内拿出来容亏，这是完全合理的。

另一种是激进思路，以估值或市值的增量来计算动态余量，这是部分新兴企业的做法。这意味着企业认为，在增长引擎上能够放松的人效空间，主要应该来自其本身形成的估值/市值增长，以及企业愿意为此在利润池上放弃的利润。其计算公式如下：

动态余量 = 估值或市值增量人效空间 + 利润池补贴人效空间

- **估值或市值增量人效空间**——增长引擎业务本来有一个显性人效，但这个人效并不准确。将产出加上估值或市值增量，才是合理的人效值。所以，估值或市值增量实际上形成了一个人效红利空间。当然，这个空间存在的前提是，一级或二级资本市场会为增长引擎的非营利北极星指标买单。这种做法比较激进，未上市公司甚至被认为是 to VC（风险投资）的商业模式，高度依赖金融环境。大量互联网公司以低人效来推动业务增长，其实也是这个逻辑。
- **利润池补贴人效空间**——企业将利润池业务形成的利润投入到增长引擎业务里，显然可以冲抵一部分增长引擎的人效指标。投入利润的多少，就在于企业的战略决心了。这个没有对错，只要客观量化出一个数值，就足以计算动态余量。

我们计算出了动态余量，就可以在不同的增长引擎业务上进行分配。主要的分配思路，就是参考前面的业务定级，考虑经营目标、历史趋势、竞争对手水平几个要素，为每个业务明确一个合理数值。初步确定增长引擎业务的人效后，还应该汇总计算，看看有没有超过动态余量。有可能出现的情况是，动态余量不足，导致必须从利润池的盈利或估值/市值的增值上找空间，部署新的经营活动，并匹配人力资源的专业干预。当然，我更建议，老板应该严格按照合理的动态余量来铺排自己的野心。

步骤 4：向内分解人效标准

当人效指标和目标值确定后，就应该做两次"向内分解"：一是在业务单元内做"向内分解"，即将业务单元的整体人效标准分解到前中后台部门；二是在企业范围内做"向内分解"，即将企业的人效标准分解到企业中后台职能部门。下面，以业务单元的"向内分解"来加以说明。

对于前台部门来说，可以映射人效目标值。 所谓"映射"，即指标相同，目标值微调。例如，业务单元承接了人均利润 100 万元的人效指标，那么，这个业务单元里的每个前台部门都应该在这个标准以上承接指标[⊖]。

对于中后台部门来说，需要进一步拆解人效指标（指标和目标值）。 所谓"拆解"，即指标不同，目标值新设，因为不同中后台部门在不同的专业上做贡献，它们不可能直接映射人效标准。这种拆解是基于每个业务或职能条线的特征，按照前台的人效指标要求进行的。

⊖ 要求在标准之上承接人效指标，是因为这里的人力投入尚未考虑中后台，前台只有实现更高的人效标准，才能确保中后台的人力投入后，公司整体人效依然能够达标。

以研发部门为例，研发是一个流程，每个节点都应该是一个 gate（研发门）。正规的研发管理，要求了过 gate 的时间，而过了 gate 之后，产品也就有了定级，例如，过 gate 之前是 A 级，过了 gate 后，有可能就变成 S 级了。那么，基于"时间"和"定级"两个要素，我们就可以模拟出研发的价值点数，人效指标自然就确定了。

而后，根据前台的业绩要求，又可以推演出研发部门的人效目标值。例如，前台确定了销售额，销售额被分配到了甲、乙、丙三类产品上，每类产品的研发需求也是明确的，那么，研发部门需要产出的价值点数就确定了。由于该业务单元的人效指标是确定的，而前台产出（销售额）又和研发部门的产出（研发价值点数）之间建立了代换关系，我们就可以初步推导出研发部门人力投入的目标值。

当然，这种推导可能有点粗暴，毕竟每个部门都有自己的团队现状，有的部门还有长期储备人才的需求。考虑这些因素，还应该对中后台部门的人效目标值进行适度调整。

在这一轮的人效标准拆解中，前台部门又有点像是相对明确的利润池业务，中后台部门则有点像是需要澄清的增长引擎业务。所以，重点还在于为中后台部门核定人效标准，这也是大量企业的难点所在。不少中后台部门坚持认为自己产出的专业价值很难衡量，但这个说法是站不住脚的。我的观点依然是：不能被挂上因果链，不能被经营结果验证的专业价值毫无意义。一个部门如果对于经营真正有推动作用，其经营价值必然能用北极星指标计量。

说到这里，我必须要坦诚地披露自己在实践中的一些观察——中后台部门已经被困在自己的"专业价值"里太久了。这和我对人力资源专业现状的批评在本质上是相同的。它们过度沉迷于"落地规则"的定位，极其容易走入"一刀切"的模式，而事实上，它们更应该深耕"输送资源"的定位，执着于创造效能（尽可能无摩擦地输送资源）。如果不把这个观念扭转过来，前台就始终没有"根"，它们不可能实现高人效。在这样的现状下，为各个业务单元分配人效标准，也毫无意义。

HR EFFICIENCY
MANAGEMENT

第 八 章

人力资源队伍规划

有了各业务单元的人效标准，就可以计算出人才需求，而后就可以计算出人才需求与供给之间的缺口。至此，我们才正式进入了队伍规划的环节。

队伍规划，其实就是明确企业整体、各个业务单元以及各个业务单元中各组织模块（前中后台）的人才缺口。另外，我们定义了宽口径和窄口径的人才缺口，在很大程度上明确了建队思路。

数量规划：人才缺口

要明确人才缺口，需要确定以下几个指标。

- **人才需求**——按照公司的经营规划和业务战略，这支队伍在未来 3~5 年需要多少人才？
- **人才存量**——这支队伍现有多少所需人才？
- **人才自然增加**——按照公司过去的外部招聘和内部晋升规律，这支队伍在未来 3~5 年能够获得多少人才补给？
- **人才自然减少**——按照公司过去的人才流失规律，这支队伍在未来 3~5 年将形成多少人才流失？

而后，我们就可以计算出人才缺口（GAP 值），公式如下：

人才缺口（GAP 值）= 人才需求 – 人才供给

= 人才需求 –（人才存量 + 人才自然增加 – 人才自然减少）

需要说明的是，以上公式的原理是通用的，可以在不同的组织维度和口径维度中应用。换句话说，我们不仅要明确某个局部人才队伍的整体缺口，还要明确某个局部人才队伍中的核心人才缺口。相比之下，后者可能更加重要。

人才缺口，就是企业给人力资源部下的"人才订单"。人力资源部需要利用现有的选用育留工具去见招拆招，填补这个缺口，完成"人才订单"的交付。例如，某支队伍人才数量不足，就要考虑外部人才市场的招聘和内部人才市场的晋升。再如，某支人才队伍的意愿不足，就要考虑针对成员的价值贡献，投放更有力度的激励。又如，某支人才队伍的能力不足，就需要在培训上强化投入。

基于人才缺口和人才需求，可以计算出人才缺口率，公式如下：

$$人才缺口率 = 人才缺口 / 人才需求$$

根据穆胜咨询的研究，我们发现了宽口径人才缺口率的如下规律：

人才缺口率≤10%时，人才缺口对业务影响可控，现有核心人才"咬咬牙"，尚且能够应付；10%＜人才缺口率≤20%时，人才缺口对业务产生不利影响，某些领域业务发展会停滞或低效；人才缺口率＞20%时，人才缺口对业务发展产生严重影响，甚至对组织氛围产生明显的负面影响。

人才缺口应该算是传统人力资源专业中的"人力资源数量规划"。值得一提的是，人才缺口不应该只是一个冰冷的数据，人力资源队伍规划这个环节也不只是做一道简单的数学题。在人力资源队伍规划的过程中，我们应该着力让这个数据变得立体，为这个数据注入温度。要永远记住，获得数据不是目的，以数据来牵引企业的行动才是目的。

结构规划：组织构型

队伍规划应该解决"组织构型"问题，即组织分工体系的架构问题。

我们需要明确在一个什么样的分工体系里谈人才缺口。在传统人力资源规划中，这个部分也被称为"结构规划"。

需要说明的是，组织构型是建队思路的前提，其按照"商业模式—业务流程—组织结构—岗位系统"的链条，将生意分工到岗位。建队思路是在这个逻辑里找出核心人才仓，并围绕其搭建周边人才仓，形成人才阵型，并得出按阶段的建设方案。

这里，我们需要重新梳理一次组织构型的链条（相对人力资源战略制定时更加细致）。其实，这恰恰是大多数企业都忽略的，当它们要求 HR 理解战略时，却以战略打法为终点，直接要求人力资源部进行对接，这种思维本身就是逻辑跳跃的。

重新梳理组织构型的工作，正是当前火热的组织开发（OD）主要覆盖的范畴。前文也提到过，由于种种原因，OD 人员在这个领域的完成度普遍不高。但究其根本原因，还是因为组织构型是一个从宏观到微观的完整链条，而 OD 人员习惯性地把自己的活动疆域限制在"组织结构—岗位系统"这一段。没有了对于"商业模式—业务流程"的理解和承接，OD 人员自然事倍功半。

为了明确组织构型，可以采用以下四步法。

第一步，确认商业模式中的"先天不足"。

商业模式（见图 8-1）要说清楚两个方面：一方面是"护城河"，即价值创造（value create），用内部资源能力，连接外部合作生态，为客户提供独特的价值创造。另一方面是"财务模型"，即价值捕获（value capture），用内部资源能力，连接外部合作生态，并形成公平持续机制来支持各方的收益获取。

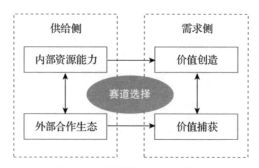

图 8-1　商业模式五要素模型

资料来源：穆胜企业管理咨询事务所。

企业设计的商业模式只是设想，盘点现状一定会发现这个"故事"并不完美，存在若干逻辑缺陷。例如，我们主张为客户提供某类独特价值，却发现客户的感知并非如此，结果可能是无法连接外部合作生态，终究是自身的核心资源能力不足。**这种自身核心资源能力的缺失，在很大程度上会体现在组织分工上的缺位，即没有一支职责明确的队伍来为这个事情负责。**

这里有人会提出质疑，他们主张队伍是存在的，却能力不足，我不认可这种说法。人才队伍的能力要么是外部嫁接并内化，要么是完全内部培养，耗费的无非是钱和时间。如果企业真的认为一支人才队伍足够重要，也为其投入了足够的钱和时间，这支队伍不可能不强。钱和时间企业都有投入，人才队伍建设的效果不佳，无非是投错了地方。最大的原因，还是企业没有想清楚自己要什么，没有定义出这支队伍明确的分工。

第二步，确认业务流程中的"流程断点"。

业务流程连接了若干节点，将资源整合为交付给客户的产品、服务或解决方案。在我的定义里，流程分为五级（见表 8-1）。

表 8-1 业务流程分级表

级 别	直观描述	主控单元	串联单位	举 例
全业务流（1级）	企业业务蓝图，描绘业务全景，能基本说清楚企业的生意是如何运作的	决策层	串联主要职能（如采购）	如生产制造企业的"研发→采购→生产→销售"
超大业务流（1.5级）	介于全业务流和主业务流之间的部分，包括若干主业物流，如酒店企业的"开发""营建""运营"等			
主业务流（2级）	某职能领域内的流程，描绘职能闭环，能说清楚主要职能是如何运作的	二级部门	串联业务环节（如供应商评估）	如采购流程为"需求分析→供应商搜索→询价→供应商评估→建立合作→下单"
单业务流（3级）	某职能领域内的某业务环节的流程，描绘业务环节闭环，能说清楚职能的某阶段是如何运作的	三级部门	串联具体任务（如供应商评估中的"召集评标委员会"）	如供应商评估流程为"确定评价标准→召集评标委员会→导出评价结果→上报决策"
业务节点（4级）	业务流的最基本构成要素，能说清楚在某个节点需要完成的具体动作	岗位	—	如应供商评估流程中的"导出评价结果"

资料来源：穆胜企业管理咨询事务所。

从表 8-1 的结构不难看出，全业务流（1级）和超大业务流（1.5级）承接的是商业模式，主业务流（2级）和单业务流（3级）对接的是组织结构，而业务节点（4级）对接的是岗位系统。在这个步骤里，主要的关注点应该落在主业务流（2级）和单业务流（3级）上。

对这两级流程的盘点，主要以"价值性—稀缺性矩阵"作为筛子，最终要找出核心单业务流，明确最影响流程效率的"流程断点"，以及其会导致的潜在问题。而后，应该将这个"流程断点"对应到明确的主责角色上。

当然，有的企业主张发起流程再造，将"流程断点"补齐，但我认为这种方式有点类似头疼医头脚疼医脚，不够明智。我们可以设计若干完美的流程，但流程断点的出现，本质上还是因为人的责、权、利、能没有对应到流程的每个节点上。责和权是最主要的问题，其实就是一个分工问题；利和能是次要的问题，其实就是一个人才队伍的激励和培养问题。没有划分清楚责和权，利和能不可能到位。企业没想清楚自己要什么，才会区分不了责和权，导致人才队伍孱弱。

第三步，确认组织结构中的"缺失部分"。

组织结构由各级部门组成，形成了部门级的分工架构。这一步主要检查部门定位、职责分工和 KPI 落地，而这三个环节环环相扣，应该是三点一线。

部门定位是界定了"部门使命"，或者说界定了部门对于组织的终极贡献；职责分工则是把这种定位进行了具象化，形成了工作内容；KPI 则是将这种工作内容翻译为数据结果。

一方面，要看部门定位、职责分工和 KPI 对于商业模式有没有支撑，能不能在商业模式的故事里找到自己的角色。这是不少案例里的典型现象，例如，某企业在自己的护城河里强调要对客户提供管理赋能，帮助其提升管理效率，但其提供赋能的方式仅仅是几个部门轮流上门提供点经验交流的机会。这个服务既不持续，也不优质，原因就在于没有一个部门来负终极责任，于是，这个重要的职能变成了"公地悲哀"。

另一方面，要看部门的定位、职责分工和 KPI 对于业务流程有没有对应，是否有业务流程里已经明确的分工，却与部门定位、职责分工和 KPI 有强烈冲突。千万不要觉得这很荒谬，事实上，我们已经见过太多流程明确但部门推脱的情况。现实是，只要有一个机会将责任推出去，大多数人都会选择如此做。我们可以责难这类部门负责人的职业素养，但对他来说，就是一个损益的考量。

更多的组织结构问题，是因为过多考虑队伍现状，将部门设置为安置人的安乐窝，而没有坚持企业选择赛道的初心。在这种逻辑下，部门负责人也会将部门视为自己的领地，而不管能否支持业务流程和商业模式。在这种离心离德的思维下，组织结构就必然出现错位，人才的投入就必然不能产生好的结果。最可怕的是，人才能力越强，这种错位就越明显。

第四步，确认岗位系统中的"能岗事错位"。

岗位系统由各个岗位组成，形成了岗位级的分工架构。这一步主要在岗位的颗粒度上，检查能力（能）、岗位（岗）、任务（事）之间的匹配程度。总结起来，有六种"错位"的情况（见图 8-2）。

- 情况 1——高能低岗。
- 情况 2——低能高岗。
- 情况 3——能者不劳。
- 情况 4——弱者多劳。
- 情况 5——无任命履职。
- 情况 6——有任命不履职。

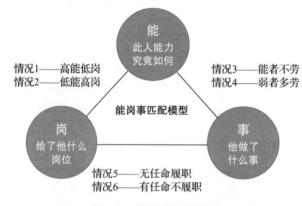

图 8-2　能岗事匹配模型

资料来源：穆胜企业管理咨询事务所。

素质规划：人才画像

组织构型是跳出人才缺口，看组织层面的设计是否合理。而人才画像则是进入到具体的人才缺口，看人才的画像是否合理。在传统人力资源规划中，这个部分也被称为"素质规划"。

人才仓虽然有定义，但并未细化到人才素质的维度。而没有到人才素质的维度，后续的招聘、晋升、培训等职能根本无法跟进。

现在大量互联网企业因为商业环境变化无常而放弃了人才画像，或者把人才画像变成"玄学"，例如用一个词来概括人才素质要求，这实际上是非常不理智的。其实，对于人才素质进行分解，本身就是一个完善建队思路的过程。从逻辑上说，针对岗位进行了设计后，如何基于岗位要求设计人才素质标准或任职资格体系，是必须要回答的问题。

数字化和互联网时代对于人才素质已经提出了全新要求：员工能够快速理解客户需求，快速形成创意，快速组织资源形成产品，快速推动产品在市场上变现……这直接挑战了原来工业经济时代的各种素质模型。

大量企业的人力资源部是无法自主开发素质模型的，它们只能应用过往的所谓经典，于是，"画像"和"盘点"的结果可想而知。

多年前，互联网商业逻辑尚未成为主流，但我依然感觉到了传统素质模型遭遇的挑战。从 2009 年开始，我就基于 50 多家有平台化趋势的样本企业进行了研究，形成了由数十个指标组成的《平台型组织人才素质辞典》，并在多年里持续迭代，算是初步回答了这个问题。

这里举一个某企业前台项目经理的例子（见图 8-3）。在某个客户企业内，我们经过调研发现，图中六项素质对于这个岗位族是最重要的，在很大程度上决定了绩效表现。而且，一个很巧合的事是，在若干岗位族的研究中，我们发现最重要的这六项素质特别突出，与其他素质项之间拉开了明显差距。大家可以轻易地发现，这个新的素质模型不仅存在一些新的素质项，而且每项素质都有独特的定义。

图 8-3　项目经理能力素质模型

资料来源：穆胜企业管理咨询事务所。

其中，"穿越前瞻客户需求"与传统素质辞典中"客户第一"之间的区别就很明显。我们对于这条素质的描述是："对于 B 端客户，穿越其本身对于需求的描述，思考其面对的 C 端用户的需求；对于 C 端用户，穿越其本身对于需求的描述，思考其在产品应用场景中真正想要实现的目的。"

我们将这个《平台型组织人才素质辞典》在我们深度辅导的企业里进行了应用，效度和信度都很可观。而随着模型一次次迭代，我们也越来越确信找到了这个时代的人才标尺，但这并没有让我们轻松下来，我们反而觉得问题更严重了。很明显的是，"按图索骥"找不到这类人才，"按图施工"也培养不出这类人才，我们精准的素质模型给企业出了一道"无解的题"。

仔细想想，这类素质模型的要求不正是对于企业家素质的要求吗？不仅如此，在我们的《平台型组织人才素质辞典》的各项素质中，"企业家才能"的特征已经越来越明显。我们开发的这个《平台型组织人才素质辞典》，似乎是在对每一项传统的素质进行"企业家才能化"的升级。举例来说，"谈判资源的能力"这项素质原来是以获取资源为最终目的，在经过了"企业家才能化"的改造后，其最终目的是双赢和可持续合作。

在人才的识别标准上，大多数企业之所以固守原来的素质模型，根本原因是对于组织模式理解的偏差。

如果认为企业应该选择金字塔组织，员工应该各司其职、各管一段，那么，工业经济时代的素质模型没有任何问题。但如果认为企业应该选择平台型组织，员工应该无限协同，创造客户价值，那么，就必然需要上面提到的新素质模型。形象点说，用组织模式的"老地图"，无论如何都找不到素质模型的"新终点"。

这里也给各位披露一组对比实验的数据（见图 8-4）。我们选择了穆胜咨询服务的两家制造业企业，在五年的周期内观察其人才成长的情况，其中，B 企业在第三年走向了平台化，而 A 企业则一直是传统的金字塔组织。为什么选择这个行业呢？我们的逻辑是，要剔除行业往上走的因素，如互联网行业里有的人才成长就并非真正的成长，而是水涨船高或拔苗助长。

在指标上，我们以薪酬相对指数来衡量成长，即个人薪酬相对于企业平均薪酬的比值，这应该是比较公允的。在样本上，我们选择了四组数据进行对比，前台两组，中台和后台各一组，这样一来也比较全面。我们发现，在 B 企业转型为平台型组织后，各类人才的成长速度提升非常明显，平均达到了 A 企业的 3 倍。我想，这个结果已经很明显地说明了问题。

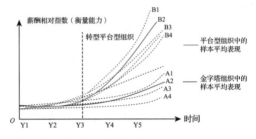

图 8-4　两家制造企业的人才成长对比实验

资料来源：穆胜企业管理咨询事务所。

人才供给计划

当我们将人才缺口（数量规划）放入组织构型（结构规划）和人才画像（素质规划）的维度进行验证，数据开始逼近真实，并可以用来制订人才供给计划。

由于人才缺口分布在每个业务单元，我们需要将其进行聚合，明确企业范围内的各类人才缺口。这种聚合的意义还在于，可以将各类人才拉通进行选用育留，由企业提供统一的支持。当然，为了考虑各业务单元的个性需求，在统一的计划之外，各业务单元也可以有自己的"自选动作"。

人才供给计划是队伍规划的具象化，其依托人力资源专业体系的三大支持系统，形成了填补人才缺口的各项专业任务，主要体现为五类人才供给计划（见图 8-5）。

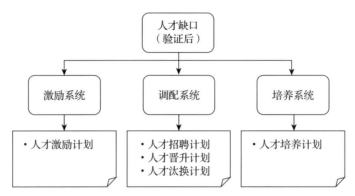

图 8-5　填补人才缺口的五类人才供给计划

资料来源：穆胜企业管理咨询事务所。

- **人才招聘计划**——通过外部人才市场获得供给的计划，目的是在最短的时间内获得适配企业发展所需的有效人才，主要通过有效招聘人数、有效招聘率等指标进行考核。

- **人才晋升计划**——通过内部人才市场获得供给的计划，目的是确保尽量多的员工能够按照职业生涯的预期发展，并且使其战斗力保持在新鲜状态，主要通过人才晋升指数、职业倦怠指数等指标进行考核。

- **人才汰换计划**——通过人员淘汰解决无效人才的堆积，目的是通过淘汰传递企业的用人导向，让组织保持活力，并通过人员汰换让员工的性价比处于最佳状态，主要通过人才密度、职业倦怠指数等指标进行考核。例如，在外部人才市场出现某类人才的价格洼地时，有的企业就会淘汰部分性价比不高的同类员工，再通过专项招聘计划进行低位建仓。

- **人才激励计划**——解决人才的意愿问题，目的是通过"人员评估→薪酬发放"的激励机制来传递企业的价值创造导向，让人才产生持续的战斗意愿，主要通过激励真实指数、激励强度指数等指标进行考核。值得一提的是，部分企业的核心人才保留计划，主要也是基于激励计划来设计的。

- **人才培养计划**——解决人才的成长问题，目的是通过系统的培养措施，让人才获得作战所需的知识，主要通过人才赋能指数、人才储备指数等指标进行考核。值得一提的是，人员不涉及职位晋升的"平调"计划，也可以视为人才培养的措施之一而被放入这个计划中。

相对规划而言，计划不仅明确了任务，其颗粒度也更细。我们还可以沿着上述五类计划，进行进一步的细化。

- **时间维度**——上述计划可以"年"为单位制订，甚至可以细化到"季""月"，如某些企业针对离职季制订的人才激励（保留）计划。
- **对象维度**——上述计划可以从职位序列（管理序列、技术序列等）或职位等级上进行划分，甚至可以细化到某些专项的人才队伍，如华为的"天才少年招聘计划"。
- **方式维度**——上述计划也可以从其依托的职能手段上进行划分，如万科针对中海集团进行挖猎的"海盗计划"。

显然，越是细化的计划就越有针对性，越可能获得预期的成果。与此同时，越是细化的计划也意味着越耗费资源。至于如何平衡每项计划的性价比，就要具体情况具体分析了。

要做到计划的细化，人力资源专业体系就会面临"硬碰硬"的挑战。例如，如果我们承认"招聘人数 = 招募人数 × 招聘成功率"，那么，面对某支人才队伍的招聘人数（需求）这个指标，企业无非从"招募人数"和"招聘成功率"两个方向努力。而这两个方面，都和招聘系统的水平有关：前者依赖雇主品牌的搭建、招募渠道的使用、招募活动的发起等，后者则依赖招聘流程的体验、甄选工具的使用、录取通知书匹配的思路等。

在绝大多数情况下，上述计划里的数字都是相对激进的，无法通过现有人力资源专业体系来满足。穆胜咨询曾为某企业盘点过五年的核心人才缺口，根据后续的人才供给计划，我们发现，如果要填补这个缺口，招聘工作效率要提升 5 倍，培训工作效率要提升 3 倍……这显然是无法实现的。于是，这五大计划也就成为下一步人力资源职能规划的方向，牵引各大职能体系进行迭代更新。

HR EFFICIENCY
MANAGEMENT

第 九 章

人力资源职能规划

人力资源职能规划，目的在于对人力资源专业体系进行升级，属于人力资源规划广义的范畴。

如果现有人力资源专业体系已经能够支持人才供给计划，解决人才缺口的问题，那么，人力资源职能规划就没有那么强的目的性，无非是"有则改之，无则加勉"的优化而已。

但在我接触过的所有案例企业，几乎都提出了激进的经营目标，需要人才队伍跨越式发展，人才缺口自然大到夸张，人才供给计划也太过激进。此时，原来的人力资源专业体系必然不能满足要求，这就需要进行人力资源职能规划。说白了，就是过于庞大的人才订单压力，导致了要对人力资源专业体系这台"仪器"进行优化升级。

人力资源职能应该如何优化？显然也必须考虑前面提到的人力资源战略选择，这是贯穿人力资源规划全程的逻辑。我在《人力资源效能》中提出，人力资源战略是一个决策组合，通过人力资源政策包来精准控制投产曲线，维持企业的高效能水平。

人力资源政策包，就是人力资源职能体系的构成部分。所以，我们需要明确人力资源职能体系究竟是如何形成投产曲线的。

人力资源职能优化的僵局

首先明确一个道理，人力资源职能的优化一定是通过业务部门才能落地的，人力资源部孤掌难鸣。事实上，不少人力资源类的培训里，都会传递"人力资源管理是业务部门的事"这类理念。言下之意，人力资源部只能提供政策指导和有限的资源支持，关键还在于业务部门怎么用。

这并非人力资源部的托词，绝大多数大型企业为了确保业务单元的灵活性，一定会让 HRBP（人力资源业务合作伙伴）实线向业务部门负责人汇报，虚线向集团人力资源部汇报，这就造成了集团人力资源部影响力有限。不少大型企业 CHO、HRVP 在向我咨询人效管理的方案时，甚至会首先提出："穆老师，您的方法论的科学性我们绝不怀疑，但关键是能不能让业务部门用起来。"

他们的疑问实际上点出了人力资源职能优化的僵局。现实中，人力资源部和业务单元之间的日常是"拉锯战"：人力资源部通常指责各个部门不重视人力资源管理，而后导入一门"非人力资源经理的人力资源管理"课，而各个部门只会埋怨人力资源部核定的编制太少，划拨的人工成本太少，招来的人不好用，考核不合理，培训不给力……

仔细分析，这里面包括两个问题。

第一个问题，业务单元是否具有"优化动机"。

我们一定要认识到，绝大多数的业务单元是没有动机优化人力资源管理的，除非其负责人有一定的"认知"和"格局"。

所谓**"认知"**，就是意识到组织能力是业务单元发展的关键，意识到业务方案必须要通过组织建设才能落地，脱离了打造"团伙组织"的低级冲动。其实，业务单元出现"团伙管理者"是很普遍的现象，这类管理者通常是业务出身，带队经验有限，但他们以自己过去带队"大块吃肉、豪放喝酒、称兄道弟"的经验来认知世界，认为这种方式就是组织与人力资源管理。没有经历过复杂业务，没有感知到组织与人力资源管理奥妙的人，习惯把团队当团伙，他们听不懂科学。

所谓"格局"，就是愿意为了企业的大局而投入精力（成本）去建设组织，并让自己的管理权限进入有约束的正轨。对于业务单元的负责人来说，不受约束的授权往往是最舒服的，"藩王化"是大多数人不愿说出口的念想。高情商说法是"独立团""特区"，其实本质一样。但这种念想对于企业来说无疑是有害的，如果都依赖"藩王"的个人能力去解决问题，企业经营的风险未免也太大了。而且，没有"根"的企业自然也就没有任何价值，"藩王"翅膀硬了迟早会离开。但我们扪心自问，有几个业务单元负责人能跳出这种世俗呢？

其实，这和说服一位老板没有太大区别，难度相当。

正因为立场不同，人力资源部和业务单元之间的拉锯就是"公说公有理，婆说婆有理"。各个部门的立场是索要大资源，追求 KPI，而人力资源部能够进行的授权、划拨的资源是有限的，标准再合理也不可能让所有部门都满意。所以，双方根本不可能统一到一个立场上。

只有将人效作为双方共同的目标，这种僵局才能被打破。当人效规划环节对于各业务单元的人效提出了要求，并在后续跟进人效管控方案（见第十章），业务单元负责人自然就有了调优选用育留的最大动机。人效撕开了他们用大资源换取大业绩的伪装，让他们真真正正进入"做生意"而非"当藩王"的立场，真真正正与老板同心同德。

第二个问题，人力资源部是否具有"优化能力"。

当各个部门都有动机调优选用育留了，人力资源部的专业性就能发挥作用。但这个时候，人力资源部的问题又来了——面对已经运行多年的选用育留套路，真的能够找到改进空间吗？

绝大多数的人力资源部已经习惯了按照一个标准模式做事，而后收获一个差不多的结果。当我们用人效作为检验标准，它们的选用育留根本就"不起作用"。再说直白点，它们把提升人效最大的希望，寄托在给各个部门"下人效指标"上，却根本没有能力帮助各部门巧妙地提升人效。这类企业导入人效管理，可能反而会成为掣肘各类业务的败笔。

一旦业务部门处于人效压力之下，而人力资源部又难以作为，矛盾将再次产生。业务部门回马一枪，质疑人力资源部的人效标准是"无脑政策"。由于人力资源部自己没有答案，人效管理这道题目出错的可能自然很大。人力资源部此时必然百口莫辩。早知如此，还不如维持原状。

进一步看，当人效和队伍这两个环节已经被量化，人力资源专业体系自然也应该量化。人力资源部需要从数据中找到若干问题的答案：

- 在两类人力资源战略（激励型与赋能型）上，如何找到撬动产出的杠杆解？
- 在各类职能传统优化方法的基础上，是否有创新空间？
- 哪个职能是正面战？哪个职能是侧翼战？相互之间如何配合？

如何调优人力资源职能依然是道数学题，本章主要解决这个问题。根据我们的经验，在两类人力资源战略上，稍微调整一两个变量，都能找出人效提升的巨大空间。如果信奉这种逻辑，我们就必须建立两类人力资源战略的"基本人效公式"。在"基本人效公式"的基础上，如果我们考虑企业的各种实际情况，那么，可选择的技术路线是有限的。这就像解数学题，必然有标准答案，如果找不到，就是没学会。

激励型战略的人效公式

激励型人力资源战略以提升人力资源资本化率（capitalization rate of human resource，CRH）作为直接追求目标，以此来推动人效提升。这里，有必要先对 CRH 的概念进行界定。

CRH 意味着"不确定薪酬"在总薪酬中的占比，用以表示人力资源资本化程度。

$$人力资源资本化率（CRH）= \frac{资本化人工成本}{总人工成本} = \frac{不确定薪酬}{总人工成本}$$

什么是"不确定薪酬"呢？它不是一般意义上的浮动薪，因为在传统组织模式里，浮动薪一般是按照固定薪的形式发放下去的。浮动薪主要指绩效工资和奖金，这两类薪酬主要受绩效考核结果的直接或间接影响。但大量企业都是每个考核周期里"认认真真走过场"，给出相对平均的考核结果。

所谓的"不确定薪酬"，主要在市场化激励里出现，即员工以对价投入，有可能"拿不到"的薪酬，主要涉及"本金+投入回报"两个部分，具体包括跟投投入、（随经营业绩波动的）奖金、分红等。在心理预期上，员工会认为这笔钱"应该是"属于他们的，但如果不能达成目标，这笔钱是会"沉没"的。当然，这种激励方式更适合核心人才仓里的激励对象，因为他们从事的更多是创意类工作，而对于非核心人才仓，传统激励模式足以覆盖，因为他们从事的更多是标准化工作。

当我们以人力资源资本化率衡量核心人才队伍时，这显然表示了核心人才队伍的整体意愿，对于核心人效有巨大影响。道理也很简单，员工"可能沉没的薪酬"与他们的意愿成正比,这在很大程度上驱动了企业的人效。

执行这种战略的关键在于,如何通过激励机制的设计形成"真正的不确定薪酬"。在这类战略里,有几个具有巨大影响力的自变量,我们将这些变量分为两类。

一类是**激励类变量**,分布在人力资源战略罗盘的西半球。

- **激励真实指数**——绩效得分的变动部分占总分的比例,衡量绩效考核是否真刀真枪。指数越高,企业的绩效考核评分差距越大。

- **激励强度指数**——浮动薪酬的变动部分占平均浮动薪酬的比例,衡量绩效考核是否真金白银。指数越高,企业的浮动薪酬分配差距越大。

- **激励杠杆指数**——每单位的绩效得分差距引起的分配差距,衡量绩效得分兑现浮动薪的程度。指数越高,企业越是以绩效来进行分配,企业绩效考核对于员工的激励性越强。需要注意的是,要使用这个指标,激励真实指数必须达到一定程度,否则较小的绩效考核浮动带来较小的浮动薪酬差距,也会形成这项指标看似优异的表现。

……

另一类是**周边类变量**,即让激励得以实现的周边条件,分布在人力资源战略罗盘的北半球(组织)和东半球(赋能)。显然,下面几个周边类变量表现越好,越有利于实施激励型人力资源战略。

- **扁平化指数**——由管理幅宽和管理层级数决定,衡量企业的扁平化程度。指数越高,企业越扁平;指数越低,企业越存在组织冗余。

- **战斗人员占比**——衡量企业"打粮食"的人员占比,这部分人直接交互用户,且薪酬有一半以上是由用户买单决定的。指数越高,企业中在"打粮食"的员工比例越大,越能创造收入。
- **跨边界作战占比**——衡量长期、频繁跨越部门作战的人员占比。指数越高,企业的组织结构越柔性。
- **人才赋能指数**——由赋能体系完备性和赋能通关标准两者决定,衡量企业的人才赋能工作是否成熟。指数越高,企业的人才赋能工作越成熟。

……

基于上述指标,我们可以建立一个框架模型来呈现提升 CRH 的主要方式(见图 9-1)。当然,企业需要找到适合自己的独特指标。大多数时候,为了提升某些指标,我们还需要层层穿透找到根源因素。

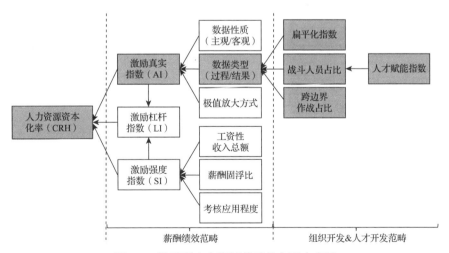

图 9-1 激励型人力资源战略的主要自变量

资料来源:穆胜企业管理咨询事务所。

从这个模型中不难发现，落地激励型人力资源战略的主要思路是跨越整个人力资源专业体系的，并不是薪酬绩效（compensation & benefits，C&B）模块的独舞。模型中的深色部分就是这种思路的主逻辑，下面详细阐述。

某企业激励真实指数太低，绩效考核基本是平均打分、假刀假枪。此时，直接呼吁大家认真打分，甚至还引入强制分布法，都无法改变现状。真正的问题在于，考核大量采用上级领导主观评价的形式，而且基本上考核的都是过程数据。换句话说，员工在一个岗位上只需要产出"专业结果"而非"经营结果"，此外，对于这种"专业结果"的评价主要依靠领导的主观印象。

所以，问题并不在于绩效考核本身，而是现有组织结构不支持做"硬碰硬"的绩效考核，大量人员都堆积在中后台，锁死在部门内，不与市场接触，不对经营负责。在这样的情况下，不可能用"经营结果"来评价其绩效，让领导来做主观评价更像是为这种状态"打补丁"。

进一步看，问题可能不仅仅出在组织结构上，还在于人才赋能方面的缺失。正因为企业无法孵化大量有战斗能力的人员，或者中后台的赋能存在不足，它才无法摆出大举进攻的阵型。这个时候，如何为理想中的组织结构设计配套的赋能机制就成了焦点问题。

赋能型战略的人效公式

赋能型人力资源战略以人才能力密度（density of talent，DT）作为直接追求目标，以此来推动人效提升。这里，有必要对 DT 的概念进行定义。

DT 意味着一元钱的"不确定薪酬"可以买到多少人才能力，用以表示企业内人才的密度和人才能力的密度。这个指标高，一是代表企业良将如潮，二是代表每个人才的水平都极高。说白了，就是衡量不同企业在付出同样的代价的前提下，谁能够获得更多的人才能力。

$$人才能力密度（DT）= \frac{人才仓能力总值}{资本化人工成本}$$

这里有两个问题需要解答。

其一，什么是人才仓能力总值？它表示人才队伍的总战斗力，由各个人才仓能力值加总而成，而各个人才仓能力值又是由其成员的能力值加总而成的。至于能力值如何衡量，不同企业有不同的口径（人才观），有的直接使用素质测评结果，有的使用绩效结果模拟，还有的企业将素质、学历、年龄、职业资格等进行综合考虑以形成"能力指数"……其实，如何衡量能力并不重要，每个企业都有自己的"人才观"，自然也可以延伸出它们独特的人才仓能力衡量方式，我们更多呈现的是一种思路。

我们用以下公式来表达：

人才仓能力总值 = $\alpha \times$ 人才仓 1 能力值 + $\beta \times$ 人才仓 2 能力值 + $\gamma \times$ 人才仓 3 能力值 + ……

公式里，α、β、γ 是参数，代表每个人才仓的重要程度，也是对于业绩的影响程度。

其二，为什么要选择资本化人工成本而不选择总人工成本呢？首先，对于核心人才仓里的人才而言，"确定薪酬"只是基础的部分，他们更关心自己的"不确定薪酬"。其次,越是在接近平台型组织的环境里,"不确定薪酬"的比例越大。

用人才能力密度衡量核心人才队伍,更能展示其整体能力水平。仅仅考核核心人才仓能力总值没有意义,因为这种能力可能是"花钱"或"堆人头"做出来的,应该考核企业的人才能力密度。人才能力密度越大,表示企业能够在一定的激励水平下获得更多的人才能力,显然在很大程度上越能驱动企业的人效。

从我们对于样本企业的研究来看,驱动这个数据表现优异的关键在于拥有更多的"头部人才"和"头部人才的长板能力"。从公式上看,这类人才仓的重要程度高,一般具有高权重(α、β、γ 等参数高)。另外,在能力素质模型上,重要的能力维度也具有高权重。**这很符合时代特征,数字时代的价值创造不是"堆人头",而是"比才华";不是"看均衡",而是"比长板"。通俗点说,20% 头部人才的 20% 长板能力,决定了企业的业绩。**

执行这种战略的关键在于,打造强大的人才供应链,让人才迅速补给能力,形成梯次,源源不绝地支持战略。这类企业应该摒弃传统陈旧的培训模式,进行知识萃取、沉淀和分享,通过**"为人才底版拷贝知识"**的模式,最大限度地量产高质量人才,并提升人才的长板能力。在这类战略里,有几个具有巨大影响力的自变量。我们将这些变量分为两类。

一类是**赋能类变量**,分布在人力资源战略罗盘的东半球。

- **人才赋能指数**——由赋能体系完备性和赋能通关标准两者决定,衡量企业的人才赋能工作是否成熟。指数越高,企业的人才赋能工作越成熟。

- **人才储备指数**——包括空缺储备率和在岗储备率两类指标，衡量企业的人才赋能工作是否取得了人才沉淀的结果。指数越高，企业的人才赋能工作越能为企业带来人才回报。
- **人才出成指数**——每单位的人才赋能支持带来了多少人才储备，衡量人才赋能工作的转化效率。指数越高，人才赋能工作就越是人才供应链的强力支持。

……

另一类是**周边类变量**，即让赋能得以实现的周边条件，分布在人力资源战略罗盘的南半球（人才）和西半球（激励）。显然，下面几个周边类变量表现越好，越有利于实施赋能型人力资源战略。

- **人才晋升指数**——由晋升实现率和晋升公平性决定，衡量企业的人才晋升是否顺畅。指数越高，企业的人才发展工作越是成熟。
- **人才融入期**——衡量员工从入职到融入企业开始达到期待的绩效水平之间的时间。该周期越短，企业的人才发展工作越是成熟。
- **人才瓶颈期**——衡量员工从入职到绩效开始停滞不前甚至萎缩之间的时间。该周期越长，企业的人才保质期越长，人才发展工作越成熟。
- **激励真实指数**——衡量绩效考核是否真刀真枪。指数越高，企业的绩效考核评分差距越大。

……

基于上述指标，我们可以建立一个框架模型（见图9-2），呈现提升DT的主要方式。同样，企业需要找到适合自己的独特指标。自然，为了提升某些指标，我们也需要层层穿透找到根源因素。

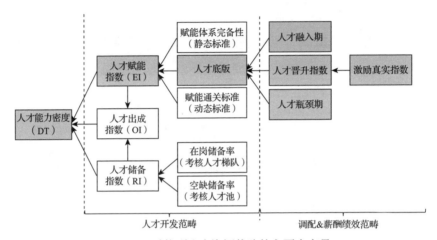

图9-2 赋能型人力资源战略的主要自变量

资料来源：穆胜企业管理咨询事务所。

从这个模型中不难发现，落地赋能型人力资源战略的主要思路是跨越整个人力资源专业体系的，并不是人才发展模块（talent development，TD）的独舞。模型中的深色部分就是这种思路的主逻辑。

举例来说，某企业人才赋能指数太低，人才赋能工作缺位，不能产出支持战略落地和业务发展的人才。此时，仅仅埋头建设赋能体系（如引入知识管理、使用素质模型、打造明星项目等），很难改变现有状态；仅仅明确对于人才成长的通关标准（如引入人才成长的路径设计、积分标准等），同样很难改变现有状态。关键是，要有一群充满成长意愿的人才毛坯。说到底，如果人才不愿意被赋能，再完备的赋能体系对于他们来说也只是负担，打扰了他们去"打仗"。

有人说，赋能是为了让他们更好地打仗、打胜仗，获得好的绩效。这个说法逻辑上成立，但员工的感知却不认可。除非是特别有远见的员工，否则他们会陷入经验主义的怪圈，永远"摸着石头过河"。毕竟，对于大多数人来说，从被赋能到产出绩效，这个链条太长了。

让员工产生被赋能意愿的关键在于，有一套明确而合理的职业生涯设计，让他们在每一个节点上都有"打怪通关"的感觉。如果说接受企业的赋能是他们晋级晋档的前置性条件，这个逻辑链条就很容易说服他们。所以，应该有一套让员工快速融入、持续成长，并在这个过程中获得高效晋升的调配系统设计（招聘、汰换、再配置）。

进一步看，问题可能不仅仅出在调配系统上，还在于绩效考核方面的缺失。正因为企业没有绩效考核的客观结果，才无法推动高效的人才晋升，才会让员工看不到希望。这个时候，如何为理想中的调配系统设计配套的激励机制就成了焦点问题。

人力资源战略地图新视角

当我们明确了人力资源战略选择，并基于这个主题明确了人效和队伍维度的规划，职能维度的发力就成了实现前面"构想"的最后环节。尤其是，在队伍规划的环节，我们还将其进一步细化为五类人才供给计划，这就更需要有管理抓手来确保上述两类战略的落地了。

这里，需要再次提到前面第五章提到的两个工具——人力资源战略地图和人效仪表盘。前面提到过，这两个工具是基于人力资源经营价值链衍生出来的，这里，有必要为其赋予新的视角。

人力资源经营价值链,说明的是人力资源专业的底层逻辑,强调按照"职能→队伍→人效"的因果链来影响人效,可以看作纵向逻辑;两类战略的人效公式,说明的是人力资源专业各模块的内部联动逻辑,强调按照"赋能→组织→激励"或"激励→调配→赋能"的因果链来影响人效,可以看作横向逻辑。在为一个企业制定人力资源战略地图时,显然应该同时考虑这两种逻辑,这样才能让职能优化的威力最大化。

事实上,横向逻辑的缺失是传统人力资源管理的通病。传统的HR习惯"各管一块,互不干涉"的"模块观",他们坚持自己模块所谓的经典操作,习惯于照本宣科,并不愿意思考更多的可能性。但实际上,各种职能模块恰恰应该基于同一个目标考虑方案,并尽可能地创新,突破旧模式,以便形成 $1+1>2$ 的协同效应。

举例来说,按照人力资源经营价值链的逻辑,针对某类人才能力不足(队伍状态)的问题,应该在职能模块跟进专项的赋能措施,而精准的赋能措施就是这条人效经脉的唯一起点,人才发展(TD)模块应该对这个任务负责。但在导入了赋能型人力资源战略的人效公式后,我们发现还应该明确这类人才的职业生涯设计,并让这个职业生涯设计与人才成长的通关标准进行校准。这就需要组织开发(OD)的支持。进一步看,为了在职业生涯设计里真正推动员工成长,还需要提供职业生涯评估支持,此时,就需要跟进人才评估模块的建设,要么是素质评估,由人才发展模块负责,要么是绩效评估,由绩效考核模块负责。

如果我们为了解决人才能力不足的问题而牵动了两个以上的职

能模块,那么,就有必要形成部门内的项目小组,甚至拉入部门外部(如业务部门)的相关人员。上面的例子就是一个典型的、综合的"**人才发展项目**",覆盖了五类人才供给计划中的多种功能。纵观整个分析过程,我们通过赋能型人力资源战略的人效公式,从一个问题切入,发现了更多的人效提升机会。说形象点,我们拓展了人效经脉的可能性。

在这幅升级的人力资源战略地图的基础上,形成若干项目组来推进工作是非常自然的事。基本理念是,常规的人力资源工作在模块内部解决,创新的人力资源工作在项目中解决。通常,一个模块经理会同时进入几个项目,有时主导项目,有时支持项目。由于项目有短期可完成的,也有持续时间超过一年的,所以,模块经理会在不同项目里进进出出。

事实上,在人力资源部内部,这种跨边界作战的方式应该被大力推广。反过来说,一个企业的人力资源部如果没有这类跨边界的项目,那么基本可以认定 HR 所做的都是常规工作,既没有升级专业体系的打算,也不打算输出经营价值。

需要强调的是,与过去项目的不同在于,在人力资源战略地图中提炼出来的项目,都会有一套严谨的数据来牵引行动。这是因为,在确定人力资源战略地图后,企业自然可以形成人力资源效能仪表盘,地图中的人效、队伍和职能三个维度的操作方向,都被最大限度地量化了,不仅变成了人效公式里的指标,还被设置了合理的目标值。这让项目变得更加实在,不仅需要输出职能维度和队伍维度的"专业结果",还要输出人效维度的"经营结果",项目的成败得失一目了然。

其实，除了上述在人效公式中提及的指标，人力资源职能还有大量优化空间，HR 信奉的若干经典操作，并非完全可信。例如，烦琐的招聘流程并不一定能够带来招聘质量的提高，反而会挤走应聘者，最终导致有效获取的人才数量不足，从投产比看显然不划算。再如，同样的培训资源，看似应该优先投入"尖子生"，但在某些企业的业务模式里，投入"差生"却是更划算的。又如，传统观点认为，增加奖金等浮动薪看似更能激励员工，但在某些企业的某些场景下，增加固定薪却更能激发员工的积极性。

这些改进对于某种人力资源战略的执行显然是有利的，而且是唾手可得的"速赢方案"，应该被放到人力资源战略地图和人效仪表盘里。当然，要找出这些优化空间，前提是将人力资源的专业职能极度量化。在这个方面，互联网公司有先天的数字化基因，显然更具优势。附录 C 呈现了一个谷歌的例子，相信能给读者一点启示。

HR EFFICIENCY
MANAGEMENT

第 十 章

人力资源效能管控

职能维度的人效公式，解决了职能优化的思路问题，但并未给予业务单元足够的动机去优化职能。前面也提到，只有让业务单元真正关注人效，使用生意视角，才能真正和企业同心同德。

所幸的是，前面的第七章已经为各业务单元确定了人效标准（指标和目标值），甚至将人效标准分解到了业务单元里前中后台的组织模块。现在，我们只需要通过各种方式让人效标准落地，就可以解决这个问题。

考虑部门的不同属性，对于人效洼地进行干预的方式有人效包干和精准核编两种。

人效包干：先放后算

三权（财务权、人事权、决策权）下沉的部门相当于一个"小公司"，即我们所谓的业务单元，或称经营单元。对于这类定位的部门[一]，应该充分尊重它们的自主经营思路，人力投入的决策由它们定夺，但企业应计算它们的人效结果，并将结果应用于奖惩。

现实中，人力资源部往往不愿授权，并以自己对前线业务的粗浅判断，一刀切式地决定了业务单元的资源配置，这显然不合理。在授权问题上，"一管就死，一放就乱"是公认的难以破解的悖论。人力资源部之所以选择"一刀切"，无非是因为他们害怕"一放就乱"。他们认为，如果将人力资源配置的权力下放，编制暴涨、人工成本剧增、

[一] 有的部门只是形式上拥有三权，但实际上却没有实权。对于这类部门，我们依然按照它们最初的定位，探讨如何才能合理配置人力资源。

干部提拔失控等问题一定会接踵而至。正因为这些决策具有"不可逆性",欠缺事后追索机制,他们更加不敢授权。

没人比业务单元更清楚业务状况,秉持"让听得见炮火的人呼唤炮火"的原则,我们应该将人力资源配置的权限授予他们。关键的问题在于,如何建立一个事后追索机制?

在经营周期开始前,应该明确人效标准,并向下授权。

企业需要将人效标准"包干"到每个业务单元,作为配置人力资源的标准。在这个标准之下,业务单元可以视业务情况决定人力资源投入的体量和节奏,说穿了,它们的产出决定了自己编制和人工成本的空间。

在经营周期结束后,应该计量人效水平,并分三个层次进行奖惩。

第一个层次是影响团队收益。达到人效标准的,应该按照人数和人工成本的节约程度予以收益上的奖励。人工成本结余部分直接提成,人数结余部分,按照一定的人工成本单价进行折算,而后以奖金形式提成。未能达到人效标准的,应该按照超额人工成本和超编人数成本进行惩罚,扣减团队奖金。

第二个层次是影响资源分配。达到人效标准的,应该按照人数和人工成本的节约程度在下一个经营周期里予以资源倾斜。未能达到人效标准的,应该按照超编人数和超额人工成本,在下一个经营周期里直接扣减或按照一定比例扣减,即缩编和缩减人工成本预算包。

第三个层次是影响干部发展。人效管理的结果不仅代表了业务单元负责人的组织建设水平,也代表了他们改变经营基本面并创造价值增量的能力,显然应该影响其晋升任用。事实上,这两个方面的能力通常都是干部比较稀缺的能力,在干部选拔上具有很强的甄别效果。

精准核编：先算后放

不具备三权的部门，即我们所谓的集团中后台总部或业务单元里的中后台总部。对于这类部门，应该使用各种标准进行核编，严控它们的人力资源配置。因为，我们很难用经营结果来衡量它们的产出，自然就很难计算其人效水平并进行事后追索，这就需要人力资源部主导精准核编。

随着业务的发展，部门一定会索要编制。由于信息不对称，它们永远都有信息优势，可以为增编找出无数的理由。有时候，某些理由是骗局，是部门领导为了增加自己势力范围找的借口；有时候，某些理由还确有其事，真是为了合理的人才储备或业务发展。

关于编制核定，人力资源部理应建立相关的规则，这本来是人力资源部的本分工作。但在现实中，面对各个部门林林总总的增编需求，人力资源部的这些规则却往往很难应对，甚至还容易被"带偏"。说到底，根本原因还是规则本身的问题，正因为规则不够健全，才会导致无法甄别需求的真伪。

所以，人力资源部应该在三个维度上建立编制核定的规则。

宏观上，确定整体人效规则。

主要指确定企业整体人力投入和产出之间的关联关系，这种规则是为了控制住整体人力规模。例如，有的企业确定"两低于"的规则：一是人员数量的增长率低于业务量的增长率，以便确保劳动生产率持续走高；二是人工成本的增长率低于营收的增长率，以便确保人工成本投产比持续走高，或者人工成本的增长率低于利润的增长率，以便确保人工成本报酬率持续走高。

中观上，确定组织模块之间的编制比例规则。

主要指建立各个组织模块编制之间的固定比例关系，这种规则是为了确保组织结构相对平衡。例如，前台和中后台人员的比例关系（控制"战斗人员占比"这个指标）、中层与基层管理者之间的比例关系等。再如，创新业务与基础业务员工数量的关系。又如，核心人才仓人员（如研发人员）占员工总数的比例。

微观上，确定敏感岗位编制与业务量之间的比例规则。

主要指在各部门内锁定受业务影响最大的"敏感岗位"，基于人效标准建立业务量与编制数的联动公式，形成"动态核编"的效果。敏感岗位的人效指标其实就是一种窄口径人效指标。如果企业有相对成熟的EHR（人力资源信息系统），且业务流数据已经实现了在线化，就可以在系统中设置敏感岗位人效标准，实现对于这部分岗位的自动核编。在这种状态下，业务量一旦增加，突破了"跳编刻度"，编制就会自动增加。这种方式免去了各部门和人力资源部之间漫长的博弈，显然是双赢。

另外，对于其他非敏感岗位，应该拉长核编周期，以时间换空间。例如，为了人才储备而进行的增编，必须和企业的人才储备策略和计划一致，要有这类的专项讨论并得出明确的结论之后，才能核编。

上述三个规则实际上都是企业建队思路的体现，只不过被数量化了而已。数量化之后的规则，成为核编的强大武器。所有企业或多或少都有自己的建队思路，它们缺少的可能仅仅是这个数量化的动作。

当然，我也理解为何人力资源部不愿推动这类建队思路的数量化，他们可能认为这会压缩自己核定编制的空间，减少灵活性。但实际上，如果没有核编规则，在与部门的"对抗"中，他们永远是输家。我的意思是，即使他们帮老板或帮企业守住了编制，也是输家，因为他们没法证明自己的决策是正确的，而各部门都会用自己的信息优势（例如证明某个工作岗位有多辛苦）来证明这些决策是错误的。

动态管控

对于大多数企业来说，人效包干和精准核编是一前一后的关系。在某些业务单元实施人效包干后，它们自然会对于编制和人工成本异常敏感，自然需要人力资源部赋能。此时，就可以引入精准核编的一套方法。若非如此，再科学的方法也只会被认为冒犯了部门的"领土"，从而被强烈抵制。

两种方法的核心都是对于人效的计量。可以说，我们用人效统一了企业和各部门的议事逻辑，让双方同时有了生意视角。

当我们有了每个部门的人效指标和目标值，似乎就有了控制标准。但是问题是，这个标准应该是刚性的吗？由于业务产出和人力投入始终存在"错峰性"，我们显然不能以这个标准去刚性地管控每个节点，而应该追求一种"动态管控"。

所谓"动态管控"，就是一种"错峰期"的弹性管控政策，应该回答如下问题：

- **敏感指标**——真正反映这个业务单元或组织模块基本面的窄口径人效指标是什么？这个指标最为敏感、前瞻，以这个指标来计量人力投入，才更加合理。
- **下探深度**——基于这个敏感指标，应该适度拉低人效标准。道理也很简单,如果以"非错峰期"的人效标准来要求,这个业务单元或组织模块的人效表现一定不会达标。直观点说,企业应该给出一个"放水养鱼"的空间。

- **时间窗口**——对处于"错峰期"的业务单元或组织模块,虽然要给出较低的人效标准,但不能让这种状态一直持续,应该同时给出一个人效回正的"窗口期"。否则,"贫困地区"的帽子会被一直戴着,舍不得摘下来,因为帽子摘下来就没有"补贴"了。
- **奖惩政策**——不少企业认为,处于"错峰期"的业务单元或组织模块本来就形成了损失,不应该再有奖励。这种想法是狭隘的,因为这类业务有更大的不确定性,更应该明确激励制度。在规定时间内达成了人效的提升,应该给予奖励,否则,应该进行惩罚。换句话说,业务状态不好,不是你把它干得更坏的理由;业务状态不好,你把它干得比原来好了,是你的本事。

其实,动态管控是很多企业明明需要却根本没有涉足的地方,这导致人效管理的先进理念和方法被束之高阁。大家会认为:"理念和方法听起来都很有道理,就是落不到实践。"当然会落不到实践了,企业里不可能全都是稳定业务,而跨越不了"错峰期"业务单元这道天堑,人效管理就只会是上不了路的"概念车"。

用一个穆胜咨询辅导过的案例来说明。

这家企业在几个城市里增设网点开展业务,半年的经营周期后,各网点业务发展参差不齐。于是,老板叫来人力和财务两位负责人,询问哪些网点应该留下,哪些网点应该关闭。两位负责人无一例外都用盈利状态来进行判断，主张砍掉亏损的网点。

老板最初一言不发，随后满脸铁青地反馈："网点的盈利状态就是'秃子头上的虱子'，再明显不过，用得着你们来告诉我？告诉我一些我不知道的，给出一些有价值的判断！"显然，老板吐槽的是，人才流和资金流的负责人不能基于自己的专业来进行判断，丝毫体现不出专业价值。

HRD 开始汇报人效数据，继续主张关闭网点。但有意思的是，老板依然不满意："业绩都这个熊样了，人效能高吗？这依然是我知道的、没有信息增量的观点。"

老板要什么呢？ HR 应该如何体现专业价值呢？让我们进入人力资源部负责人的视角：

先说产出。在利润这项滞后指标上，能不能看看营收和成本费用？在营收这项滞后指标上，能不能看看出货量或产品价格分布？在出货量这项滞后指标上，能不能看看核心产品的出货量？

再说投入。在人工成本这项滞后指标上，能不能看看人数？在人数这项滞后指标上，能不能看看队伍结构？在队伍结构这项滞后指标上，能不能看看核心人员构成？

总之，就是要看到老板看不到的地方，找到反映这项业务前景的"驱动性人效指标"（driving HR efficiency，DHE），给出关于业务前景的专业判断。这类指标最敏感，基于它们进行人力资源的配置，既不耽误业务发展，又不浪费人力投入。DHE 就是老板想要看到的 HR 的专业价值。找到这个指标，其实就解决了 80% 的决策问题，至于如何设定下探深度、时间窗口和奖惩政策，在专业工具的加持下，都会迎刃而解。

下篇
HR EFFICIENCY MANAGEMENT

人效管理实战

好的管理流派必然具有兼容性，既能够满足这个方向上的深度需求，又能够解决这个方向上的现实问题，而我们提出的人效管理，正是这样一种管理流派。但管理流派的成熟，并不代表其一定能够无缝对接实践，要将理念和方法推入实战，很大程度上依赖操盘者的能力，这里依然存在诸多的关隘。

本书下篇，专注于解决实战问题。我尝试代入老板和 HR 的角色，让他们作为项目的操盘者去实施一个人效管理项目。对这类场景的讲述，为前面提出的理论和方法注入了实战温度，让这些知识变得立体。这个部分的内容里，前面所有被提及的理论和方法犹如珍珠，被串成了项链，完整覆盖了企业人效管理的实战场景。

这个部分的内容，完全来自穆胜咨询的实践探索，凝聚了我们"带血的经验"。我们发现了可能导致人效管理项目失败的两个陷阱：一是对于人效管理的需求理解问题，这会导致项目漂移，付出无意义的成本，却不能完成对于老板的交付；二是对于人效管理的项目实施问题，我总结了一个完整的"五步法"路线图，其中的每一步又有若干的风险。

我想，通过这个部分高度场景化的内容，有心人一定能够有所参悟，形成对于自己所在企业的人效管理的实施构想。那么，现在唯一需要的就是一点行动的勇气了！

HR EFFICIENCY
MANAGEMENT

第十一章

人效管理的三种选择

近年来，意图导入人效管理的企业不少。不少 HR 反馈，是老板突然提到了人力资源效能。这和我们的观察一致，人效一定是由老板而非 HR 发起的概念，只有老板才有这个动机和能量去发动一场人力资源管理的变革。

这些老板们的诉求既相同又不同。相同点在于，他们都认为人效很重要，希望把它"管"起来；不同点在于，他们需要通过关注或管理人效达成的目的是不同的，自然，他们也需要不同的人效管理方案。

选择 1：人效管控方案

第一类关注人效的企业，是明显的防守导向，它们关注人效的分母部分（投入）。

这类企业增长乏力，甚至已经有了倒退趋势。此时的老板是悲观预期，降低成本费用的导向明确，这是让企业生存下去的救命稻草。

这类企业老板的潜台词是："人是不是用多了？人工成本是不是太高了？按照人效标准能不能砍一点呀？再这样下去，公司可撑不住了！"

这种思路完全没有问题，面对业务的颓势，屏息生存是必然选择，人效标准的确也是个"降本利器"。或者说，如果老板对企业发展前景的判断正确，这种思路就是必然选择。事实上，又有谁能帮助老板进行经营局势的判断呢？我的观点是，企业内没有任何人可以做到。

诚然，强大组织能力能够让业务打开新局面，人效是组织能力的最佳代言，人效是 HR 推动经营的支点。但是，在业务颓势里，老板不会思考如何通过人效管理来挽救企业，这个逻辑链条太长了，企业等不起。他们常常会说:"经营都快垮了,还要什么管理?"

正因如此,这类企业没有必要引入太过复杂的人效管理模式,它们需要的仅仅是**"人效管控方案"**(本书第七、八、十章的内容)。具体来说,应该抓住以下几个要点:

- **人效规划**——明确各个业务单元和业务单元内的组织模块的人效标准,包括指标和目标值。
- **队伍规划**——基于各个业务单元和业务单元内的组织模块的业绩目标,结合其人效标准,推导出人员编制和人工成本。
- **人效管控**——设计审批机制,严控人员和人工成本限额;设计奖惩机制,落脚于人效标准。

这种方案的难点在于人效标准的颗粒度,即如何通过数据分析在各个层次的组织模块上确定一个合理的人效值[一]。但这个难点是可以突破的:一方面,大量的企业都有组织或人员上的冗余,仔细算账必然可以找到;另一方面,我们前面给出的框架是逻辑自洽的,按照这个框架进行分析,必然可以找出一些冗余空间。

这个时候,并不需要关注人力资源职能优化,不需要定制人力资源战略地图和人效仪表盘,因为此方案就是奔着缩减支出去的。或者说,老板并没有"优化人力资源体系就可以提升人效"的假设。换个角度说,对于此阶段的企业,如果要推行人力资源职能的优化,做小了可能没效果,做大了又可能伤元气。

一 在本书第二章,我们特别提到了以一两个人效指标衡量公司所有组织模块的方式是错误的。本书第七章也谈到了为各个组织模块设定人效指标和目标值的方法。

不少 HR 在这种人效管控的状态下颇为郁闷，认为自己失去了发挥专业性的空间。其实，这是大错特错。企业在实施人效管控时，这种"速赢方案"很容易验证 HR 的水平，方案好不好，一目了然。应该看到，HR 此时的作用非常大，他们帮助企业在业务受阻的极限状态下生存，让企业保持健康的机体，以待后续反扑。当行业整体受挫时，哪个企业更能"耗"下去，哪个企业会是最后的"剩"者，在这种环境里，剩者为王。

选择 2：人效提升方案

第二类关注人效的企业兼顾进攻和防守，它们既关注人效的分母（投入），也关注人效的分子（产出）。

这类企业处于正常增长状态，发展稳定。此时的老板是中观预期（既不乐观也不悲观），希望在正常增长的基础上抓一波效率红利。

这类企业老板的潜台词是："我们原来的管理有问题，这人效不高呀，要是把合适的人配置在合适的地方，显然可以加速增长嘛。"

说白了，企业有一定的增长势能，老板认为通过人力资源的合理配置，可以加速增长。举例来说，原来每年是 3% 的营收增长，现在通过关注人效可以拉高到 5%。

这种思路也没有问题，绝大多数企业在人力资源管理上都有不足，在现有人力投入上进行合理配置，的确有一个"人效提升空间"。

正是因为企业处于正常增长状态中，老板才会有一定的耐心。他们心里的打算是，就算人力资源部找不到这个"人效提升空间"，情况也不可能比现在更糟。但是，如果找到这个空间了，企业就可能"踩一脚油门，跑起来"。

所以，这类企业的老板会以人效为理由，向人力资源部不停施加压力。但他们需要看到的，却并不一定是人效立竿见影的提升，而是人力资源专业做法的变化。这些变化，要让他们看得到人效提升的希望。进一步看，人效更像是他们找到的一块再好不过的"板砖"，他们不满意的是过去那种隔靴搔痒、吃补药式的人力资源管理模式。

正因如此，这类企业应该引入更加完整的人效管理模式，它们需要的是**"人效提升方案"**（本书第五、七、八、九章的内容）。具体来说，应该抓住以下几个要点：

- **数据盘点**——通过组织与人力资源数据盘点，找出人效提升的空间，即人效经脉。
- **人效规划**——明确各个业务单元和业务单元内的组织模块的人效标准，包括指标和目标值。
- **队伍规划**——基于各个业务单元和业务单元内的组织模块的业绩目标，结合其人效标准，推导出人员编制和人工成本。
- **职能规划**——基于各个业务单元和业务单元内的组织模块的人效和队伍目标，设计定制化的职能运作方式。

这种方案最终需要形成人力资源战略地图和人效仪表盘。其难点不在于分解人效标准，而在于如何通过人力资源职能上的巧思，达成设定的人效标准。这个有点"难者不会，会者不难"的意思，也是可以突破的：一方面，大量企业的人力资源专业运作都存在瑕疵，仔细盘点必然可以找到；另一方面，我们也给出了为企业定制人力资源战略地图和人力资源效能仪表盘的方法，即使是按图索骥，也会让人力资源部的专业水平有所精进。

在这种方案里，虽然要制作人力资源战略地图，但这个"战略"的周期并不长，依然是偏"速赢"。所以，我们跳过了人力资源战略选择这一步，对于人效和队伍维度的规划，也尽量以简单框架为主。一切的目的都指向"老板看得见的人力资源专业体系升级"，以"人效是否有希望提升"作为衡量标准。自然，对于一些人力资源基础性建设的工作，也是能省则省。这是约束条件下的最优选择，毕竟老板虽然有了一定的耐心，但也没有给出施展长期主义的时间。

HR 在这种方案里，其实已经有了更大的专业发挥空间。他们不仅要"下指标，做管控"，他们还需要"看业务，做辅导"，后者的的确确是在为业务赋能。此时的 HR 会承担另一种压力——当他们和被赋能者同时面对业务人效提升的难题时，有没有巧思也会一目了然。当他们对于人效提升的认知跳不出业务人员的认知范畴时，只能证明他们在专业上的价值几乎为零。

当所有人对于一个问题的认知一致时，要么是因为这个问题太简单，要么就是因为思考太浅薄。

选择 3：人效管理体系建设方案

第三类关注人效的企业，是明显的进攻导向，它们关注人效的分子部分（产出）。

这类企业处于高速增长状态，可以说踩在"风口"上。此时的老板是乐观预期，他们不害怕投入资源，但害怕错过"风口"，希望将资源放到最有把握的地方，实现最快的突破。

这类老板的潜台词是："我不怕在一个坏项目上'投多了'，我更害怕两种'投少了'。一是害怕在一个好项目上'投少了'；二是害怕一个好项目内使用人力资源的方式错了，在某些战场上'投少了'。人力资源必须要放在最具有增值效应的地方。我输不起的是时间，要快速实现对于市场的占领。"

这种状态的企业其实不少，穆胜咨询曾经辅导过的一个文创企业，一个项目的成功就可以挣出三年的利润，实现对于一个细分赛道的占领。这就是风口企业的特点，对于人力资源投入的稳准狠是老板的核心诉求，是他们关注人效的出发点。

在风口的势能下，在资本的追捧下，这类企业自然拥有大量资源可以投入，似乎也有广阔的市场可以占领。但在这种大开大合的逻辑下，其实暗含一种风险——人效的失控。具体来说，某类业务如果具有一定的前景，企业可能会投入大量的人力资源去催熟这个市场，却导致了做法上简单粗暴、相当无脑。这最终造就了"吃催熟剂式的无效增长"，药一旦停下来，增长也就停下来，已经占领的市场还会萎缩。这类企业并不鲜见，名噪一时的凡客、乐视、ofo等企业在风口中迅速陨落，直接原因都是人效失控[⊖]。

在这样的逻辑下，企业需要对于人效进行更加精细的管理。需要

⊖ 人效失控也导致了财效失控，两者效应叠加，导致企业最终坠落，这就是我所说的"管理双杀效应"，详见拙著《平台型组织：释放个体与组织的潜能》。

对于业务进行分类分级，对于人力投入进行分类分级，再合理地匹配人力投入与业务。由于面对若干业务的不确定性，这种人力资源的优化配置不仅能够获得业务本身效率提升的小幅红利，还能获得推动企业增长的大幅红利。这类企业的老板如果看到了这一层，通常都会有相当程度的耐心。

所以，这类企业的老板会支持以提升人效为目的，进行人力资源专业体系的全面升级。他们需要的，是能够支持商业模式的人效管理方式，他们希望以人效管理为载体，为组织注入无限活力，可以说，人效管理甚至被他们上升到组织升级、转型、变革的高度。

正因如此，这类企业需要引入最完整的人效管理模式。它们需要的应该是全闭环的**"人效管理体系建设"**（本书第五、六、七、八、九、十章的内容），具体来说，要求做到以下几点。

- **数据盘点**——通过组织与人力资源数据盘点，找出人效提升的空间，即人效经脉。
- **战略选择**——基于组织与人力资源数据盘点，利用专业的人力资源战略分析工具，明确人力资源战略选择。
- **人效规划**——基于人力资源战略选择，明确各个业务单元和业务单元内的组织模块的人效标准，包括指标和目标值。
- **队伍规划**——基于各个业务单元和业务单元内的组织模块的业绩目标，结合其人效标准，推导出人员编制和人工成本。
- **职能规划**——基于各个业务单元和业务单元内的组织模块的人效和队伍目标，设计定制化的职能运作方式。
- **人效管控**——设计审批机制，严控人员和人工成本限额；设计奖惩机制，落脚于人效标准。以这两种机制来落地人效和队伍维度的规划，并激发各个业务单元和业务单元内的组织模块优化人力资源专业体系的动机。

这种方案实际上是对企业人力资源专业体系进行全面升级了，其难点在于：一方面，要进行人力资源专业体系的基础建设；另一方面，则需要在这个过程中实现人效的持续提升。为了实现这两个目的，精心的筹划、坚决地执行、长期的耐心……一样都不能少。所以，要实施这种方案的企业，必须要找到一个能在企业长期坚守的人力资源一把手（CHO、HRVP 或 HRD）。这条道路上中途换驾驶员，遗祸无穷。

HR 在这种方案里，已经获得了最大的舞台，有机会升级为人力资源专业体系的设计者。但机遇与挑战同在，他们需要搭建的人效管理体系，完全是基于生意逻辑衍生的，在这个过程中，他们需要用生意的语言谈专业，需要与老板频繁沟通、碰撞，达成共识。做好了，他们能够成为老板真正信任的"创业伙伴"，做差了，他们就会被定位为"后勤人员"。

这个时候，HR 的选择完全取决于心态。锐意进取的人一定会看到机会，但因循守旧的人一定会看到风险。其实，人效管理就是一个企业验证 HR 团队思维开放程度的试金石。

三种方案的选择逻辑

不妨将上述三种方案进行总结，如表 11-1 所示。

表 11-1　三种人效管理方案包含的内容模块

方　案	数据诊断（第五章）	战略制定（第六章）	人效规划（第七章）	队伍规划（第八章）	职能规划（第九章）	人效管控（第十章）
人效管控方案			√	√		√
人效提升方案	√		√	√	√	
人效管理体系建设方案	√	√	√	√	√	√

显然，越是复杂的方案越有技术难度，这是衡量实施难度的**第一个维度**。除此之外，我们还需要关注实施方案的紧迫性，这决定了 HR 拥有多大的时间窗，这是衡量实施难度的**第二个维度**。

当然，后一个维度完全取决于老板的选择，他们决定了在人效上，是要防守，还是要进攻，抑或是均衡攻守。老板的选择取决于他们对于企业发展趋势的判断，对此 HR 自然也很难影响到。HR 需要做的，是找出老板的真实想法（而不是去影响他们的想法）。现实中，每个老板对于自己企业的发展趋势可能都会豪情壮志，聪明的 HR 需要通过各种迹象去进行判断，再精准推送合理的方案。

实际上，精准推送既是为了让老板得到他们想要的，更是对人力资源工作负责。试想，如果老板需要的是长期主义的人效管理体系建设方案，HR 却推送了短期主义的人效管控方案，最终的结果一定是 HR 画地为牢，失去交付的底气。道理很简单，民用级别的汽车，怎么可能上"大赛道"？

于是，我们可以得出这样一个模型（见图 11-1）。

不妨从两个维度来衡量方案的实施难度。从技术性（第一维度）来看，三种方案由低到高。从紧迫性（第二维度）来看，人效管控方案和人效管理体系建设方案各有各的紧迫性，前者需要在人力资源投入控制上立竿见影，后者需要在人力资源投入配置上一针捅破天。相较之下，老板反而对实施人效提升方案比较宽容。

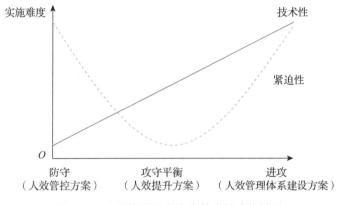

图 11-1　人效管理三种方案的实施难度计量

综合来看，三种方案在实施难度上由高到低的排序是：人效管理体系建设方案（方案 3）、人效管控方案（方案 1）和人效提升方案（方案 2）。这里需要说明的是，我并不是在鼓励 HR 都选择实施方案 2 的企业作为事业平台。老天很公平，风险与收益从来都是一对亲兄弟，选择哪个事业平台，关键还在于 HR 的野心。反过来，这句话也是对老板说的，企业选择多难的方案，也就需要野心多大的 HR。

HR EFFICIENCY MANAGEMENT

第十二章

人效管理的实施方案

当企业明确选择了人效管理方案，它们应该如何落地方案，有没有实施路线图（roadmap）呢？在具体步骤上，应该先做什么，再做什么？在所有的步骤中，有没有必选步骤，又有没有可选步骤？多次为企业提供类似服务后，我们总结了如下五个步骤，如图 12-1 所示。

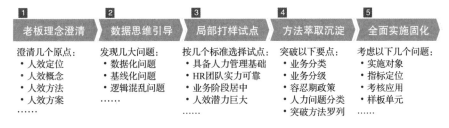

图 12-1　人效管理实施五步法

资料来源：穆胜企业管理咨询事务所。

第一步：老板理念澄清

前面我谈到，人效一定是由老板而非 HR 发起的概念，只有老板才有这个动机和能量去发动一场人力资源管理的变革。事实上，在穆胜咨询的观察视野里，凡是 HR 发起的人效工作，基本结局都不圆满。

回到老板的思维理念，我们一定要清晰地认识到，老板接受来自各个方面的信息（各种管理趋势、工具等），他们处理信息的方式也千差万别。他们可能认可人效的重要性，但这并不意味着他们要启动一场"人效管理"。更何况，他们理解的"人效"或"人效管理"与 HR 的理解可能南辕北辙。

所以，首先应该建立一个"共同的坐标"，企业上下一起澄清关于人效的理念和方法。需要注意的是，这并不意味着要引入一套完整的人效管理理念与方法论，而是要建立一些基本的共识。

- **人效定位**——建立对于人效重要性的认识，理解人效可以撬动经营，是组织能力的最佳代言。
- **人效概念**——理解人效是一个复杂标准，对于不同的业务单元，对于业务单元的不同模块，需要有不同的衡量指标，设置不同的目标值。其实，就是理解"穆胜人力资源效能矩阵"（第二章）。
- **人效方法**——理解通过人力资源的职能运作可以改变队伍状态，最终提升人效。其实，就是理解"人力资源经营价值链"（第五章）。
- **人效方案**——澄清自己究竟需要哪种"人效管理方案"（第十一章），是人效管控，还是人效提升，抑或是人效管理体系建设？这一步尤其重要，决定了后续的行动。
- ……

上述共识看似不多，实际上却是一个全新的理念和方法论体系，并非一蹴而就，而是需要潜移默化。但如果再聚焦一点，HR首先应该为老板建立一条最主要的"人效经脉"（第五章）。老板没有兴趣去学习人力资源这个专业，他们更需要的是解决问题，具体点说，他们需要经营结果，而普遍不关注管理过程。所以，HR需要让老板看到人力资源专业对于经营的影响，这就需要打通人效经脉。

首先，HR需要引导老板关注1~2个最重要的人效指标，并使其看到这几个人效指标对于经营的巨大推动作用。这里，可以借用标杆企业的例子。例如，一个信奉华为的老板在得知任正非关注人均毛利后，大概率也会狠抓人均毛利。幸运的是，大量标杆企业几乎都有对于人效的执着。

其次，HR 需要挖掘出这 1～2 个人效指标背后的驱动因素，即队伍和职能维度的驱动指标。这种"职能—队伍—人效"应该成为一个栩栩如生的商业故事，被老板认知并认可。话说回来，著名的盖洛普路径图就是一个栩栩如生的商业故事，尽管其逻辑并不严谨，但至今仍然被诸多企业及咨询机构引用。可以说，HR 要为老板定制 1～2 条人效经脉，就相当于要刻画出一幅企业独有的盖洛普路径图。

可以说，老板只要认可了这 1～2 条人效经脉，HR 就有了实施人效管理的空间。有了这个空间，他们自然可以引导老板补齐若干的基本共识。

第二步：数据思维引导

最开始，老板对于这 1～2 条人效经脉的认可是基于逻辑的，这种逻辑需要在数据层面得到验证。说直观点，老板要看到职能和队伍层面指标的变化带来的人效变化，只有如此，他们才会真正相信 HR 主张的人效经脉。

不仅如此，让人力资源数据化也是推动人效提升的最大底气，只有基于数据分析才能发现人效提升的空间，才能将 HR 从常规工作聚焦到真正创造经营价值的工作上。

其实，这本来就是人力资源专业发展的大趋势。一直以来，人力资源专业都被诟病"定性大于定量",甚至被认为并非管理科学。前面也分析过,各种尝试对于人力资源专业进行数据化的努力,并没有得到公认。现在,以人效为最终目的,以企业内主流的人效经脉作为载体,人力资源数据化终于找到了发力点。

所以,企业应该基于人效经脉尝试建立一个**"人力资源效能仪表盘"**(第五章),我们也可以将其理解为"人力资源数据报表"。

在这个方向上有个很典型的误区——太多的人力资源部希望能够快速建立一套"完备的指标体系"。其实,指标不是越多越好,而是越准越好。因为指标的统计必然耗费成本,如果不能带来指导决策的收益,这个指标就失去了价值。

不少学员曾向我提出:"穆老师,您把您辅导过的标杆企业的指标库拿出来共享一下吧。"这种思路是大错特错,那些企业运用得轻车熟路的指标,是基于它们的人力资源实践活动总结出来的。它们统计那些指标,是因为它们需要那些指标。所以,意图对标的企业即使把那些指标抄过去,也不是它们自己的指标。这就有点像买了件不合身的西服穿到身上,免不了被人开玩笑说"像是偷来的"。

我的建议是,选择一个指标,就要做"活"一个指标。什么叫"活"呢?我有两个标准:一是企业的某些人力资源决策或活动需要这个指标提供的数据做指导;二是老板和业务部门开始认可这个指标的意义,主动地提及这个指标。

其实打造人力资源效能仪表盘的过程,也是HR重塑自己专业性的过程。当我们用数据去衡量企业的人力资源活动,就会发现若干问题:

- **数据化问题**——有些活动根本无法提炼出数据，说明其离真正的专业化还有相当一段距离。
- **基线化问题**——另一些人力资源活动，好像可左可右，全凭经验，即使衡量出数据，也很难对于数据的优劣进行判断。
- **逻辑混乱问题**——更多的时候，即使提炼出了若干数据，数据之间的关系好像并不支持原有的假设，人效经脉被证明是错误的推理。

……

在没有走入这步之前，绝大多数企业的 HR 会坚信这些问题与他们无关，并认为，他们和标杆企业都在做专业的人力资源活动，区别只是人家有数据，他们没有数据而已。

第三步：局部打样试点

当人力资源部已经基于人效经脉建立了人效仪表盘，HR 对于人力资源专业会有新的认知，此时就需要将认知推入"深度实践"。

这里之所以称为"深度实践"，是因为在建立人效仪表盘的同时，企业就已经在整体尝试对人力资源活动进行调优。这种调优当然有用，直观上的感受就是人力资源工作越来越靠谱了，但作用并不会那么明显地体现在短期的人效提升上。这一步，我们要将这些靠谱的方法深度应用到业务单元上。

不少企业在这一步很着急，希望能够将人效管理的模式在大范围内应用，这是极其错误的。变革必须从"小点打样"到"全面铺开"。

因为变革对现状改变太大，必须将其限制在"小点"，才能在可控的范围内尝试方案，感知优劣，并得以将方案迭代升级。而那种一上来就"全面铺开"的企业，多半是没有变革的经验和操盘能力的。

至于要选择哪些业务单元来作为试点，可参考以下几个标准：

- **具备人力管理基础**——该业务单元具有一定的人力资源管理基础，先进的人效提升方案有可以依托的基础。例如，要做一个专项激励方案，至少得有绩效评估的基础，否则就变成乱发钱了。

- **HR团队实力可靠**——该业务单元的HR能够设计出人效提升方案，如果引入外部咨询机构来辅导，至少也能够品鉴出对方设计方案的精妙之处，并能够将这种方案落地。

- **业务阶段居中**——该业务单元不能处于初创期或衰退期，而应该在成长期或成熟期。这主要是为了避免业务的不确定性影响人力资源优化方案的实施效果。举例来说，当我们为一项业务设计了高质量的人效提升方案，但突然行业就被政策规制导致业务全面衰退，人效自然下降。此时，能说是人效提升方案不好吗？当然不能。但你又如何证明这个方案好呢？问题就变成了罗生门。

- **人效潜力巨大**——这是为了取得"速赢方案"的效果，在企业内部让大家迅速建立信心。我们要选那种"踩一脚油门就跑得起来的业务"。

……

一家知名企业将人效管理锁定在"人效提升"的层面，并向我们咨询如何将人效管理的思路下沉至业务单元，其 HRVP 提出："我们咨询了好几家咨询机构，但大家都没有办法确保人效提升的效果，说是业务单元的情况千差万别。您有什么好办法？"

其实，这个问题并不复杂，之所以无法确保人效提升的效果，无非两个原因：一是样本没有控制好，没有按上面的标准来选样本；二是人效提升的方法论本身不过硬。就后一点来说，有一个很简单的道理——如果面对每个业务单元，都需要做一套全新的人效提升方案，就代表自己没有从样本中总结出模式，或者说直接点，就是没有方法论。

第四步：方法萃取沉淀

几个典型的样本，足以让我们建立对于企业全局方案的构想。其实，这也是我们选择小点打样的意义，用最小的成本探测全局。

一个企业的人效管理方案要覆盖所有业务单元和业务单元的所有组织模块，需要突破以下要点：

- **业务分类**——确定企业的业务应该分为几种类型，哪些是利润池业务，哪些是增长引擎业务，分别应该设置什么类型的人效指标。
- **业务分级**——确定了每类业务分别分为几个级别，哪些是高速增长业务，哪些是正常增长业务，哪些是处于纠结中业务，分别应该设置怎样的人效区间。
- **容忍期政策**——面对处于纠结中的业务单元，应该给出多长的纠正时间和多大的低人效空间。
- **人力问题分类**——确定在各种业务单元中，人力资源问题分为几类。我们相信，由于土壤相同，一个企业的人力资源问题都有某种程度上的相似性，可以被分为几类。
- **突破方法罗列**——面对所有的人力资源问题，解决方案分为几类。同样的道理，由于土壤相同，一个企业解决人力资源问题的方法也是相似的，可以被分为几类。

总之，我们希望能够形成一本类似"人效管理白皮书"的文本，让任何一个经过训练的 HR 都能够按图索骥，为一个业务单元定制各种形式的人效管理方案。以前之所以不能，是因为在小点打样时，是通过样本的趋势外推、目标逆推、标杆对比等方法确定人效指标和目标值的，并一事一议地梳理了解决方案。但是，这种方式太依赖 HR 的个人能力，并没有形成企业层面的方法论，自然也很难延续下去。

更大的问题在于，这样的方式欠缺公平性，一个不公平的制度是没有生命力的。

举例来说，哪些业务应该被划分为利润池业务？对于利润池业务，应该按照什么标准划分档次？按照利润规模来划分档次，肯定是个简单粗暴的做法，粗暴得不值得反驳。那么，用什么指标呢？有的企业用业务增长率，这是另一个简单粗暴的做法。试问，对于不同基础规模的业务单元，增长 10% 的难度一样吗？所以，企业应该找到划定业务分类分级的"锚"。

当我们通过分类分级，为业务单元设置了人效区间，其实就在一定程度上解决了公平性的问题。如果没有这个区间，鞭打快牛或过度放松的情况就不可避免,最后人效目标的确定变成了菜市场砍瓜切菜似的博弈。大多数时候,业务单元拼命报上去的高目标,在领导眼中却没有"取法乎上"。最后,业务单元为了迎合领导的喜好,只能上报一些根本完成不了的目标。其实,这是双输。

进一步看,"人效管理白皮书"能够提供的并非一个成型的解决方案,我更愿意将其称为"框架+模型"。一方面,它是建立了一个关联业务单元、人力问题和解决方案的框架,让 HR 能够根据这个框架形成基础思路;另一方面,它提供了若干决策模型,让 HR 能基于前面的框架导出结论。当然,形成"人效管理白皮书"的过程,也是对 HR 再次进行训练的过程。

第五步:全面实施固化

当企业形成了成熟的人效管理方案,就可以将其固化为制度,变成管理体系中的核心模块之一。

千万不要把这一步想得太过简单,一个企业本身有"逻辑自洽"的管理体系⊖,而现在强行在其中插入一个核心模块,要确保高效融合而不出现排异,其挑战是巨大的。

我的建议是,要逐步实施,边做边调整。如何逐步实施?企业需要考虑以下几个问题:

- 实施对象——哪些业务单元适合实施人效管理?"小点打样"

⊖ 这并非指企业的管理体系很成熟,而是指企业一直存续至今,已经形成了一套现有员工基本都接受的管理体系。

之后，应该是"逐步铺开"，也就是说，企业应该将业务单元分为几个批次实施人效管理，每个批次在正式实施人效管理之前，都需要具备管理基础、团队能力等各种条件。

- **指标定位**——企业原来有自己的 KPI 体系，现在加入了人效，这个新增的指标体系如何与原有指标体系进行对接呢？总会有人发问："穆老师，既关注人效指标，又关注营收、利润等，是不是重复了呢？"我的解释是，规模是进攻的底线，效率（效能）是防守的底线，在一个健康的指标体系中，两者都应该有，无非是根据企业的战略而有所侧重罢了。

- **考核应用**——无论是效率指标，还是规模指标，其考核的结果都会影响个人利益和资源分配。人效考核是个新事物，其考核结果的应用需要谨慎。最初可设置一定的试行豁免期（只考核不应用），或者将应用范围限制在极值（最好的和最坏的表现），通过这种方式让被考核的业务部门逐渐适应并接受。而后，可以逐渐将人效考核融入现有的 KPI 系统，并根据企业的实际需求调大影响范围。

- **样板单元**——企业的"人效管理白皮书"应该历经若干版本的迭代，才可能最大限度地接近成熟。而即使在获得成熟版本之后，随着企业内外部商业环境的变迁，也应该持续迭代。榜样的力量是无穷的，在迭代的过程中应该重点关注最佳实践和最坏教训，将这两类样本的反馈用于迭代方案。进一步，我们建议企业应该以年为单位对人效管理进行阶段性复盘。

……

其实，做到这最后一步，上述逐步实施的技术方法反而不是挑战。真正的挑战在于，人效管理作为核心模块插入原有的管理系统，很有可能会改变企业的管理根基，把企业引向另一个方向。

比如，究竟应不应该认可原来业务单元索要大资源实现大目标的模式？这群人究竟是不是企业的英雄？再如，对于不同的业务，我们究竟追求什么？是关注利润，还是关注业务的综合价值？又如，对于那些战略级的增长引擎业务，究竟应不应该给予人效空间，让其在资源充沛的情况下发展？应该投放多少资源实际上体现了老板内心对这些业务的战略级定位。

组织与人力资源管理的事，不回到效能（效率）的主题上，永远是公说公有理，婆说婆有理。一旦回到效能（效率）的主题上，我们就会发现，管理是有标准答案的。如果没有找到，并不代表它不存在，只能代表企业没有千帆阅尽。

其实，这就是重塑老板和 HR 管理认知的过程。

附录 A

26 家大厂对 HR 的数字化能力要求

毫无疑问,"数字化"这个时代热词带来的商业环境改变,让企业面临极大的不确定性。2020 年以来,我们一次次地"见证历史",不确定性达到了前所未有的高峰。

当外部因素难以把握时,企业自然开始追求内部变革。宏观上,组织转型已经是大势所趋;微观上,各大职能体系也都在经历变革。其中,人力资源管理作为决定组织能力的重要职能,更是经历了疾风骤雨的洗礼。

穆胜企业管理咨询事务所发现,在数字化转型的浪潮下,诸多大厂已经对 HR 提出了全新要求。

数字化:向 HR 专业渗透

《中华人民共和国国民经济和社会发展第十四个五年规划和 2035 年远景目标纲要》(以下简称《规划》)的第五篇,专门谈到"加快数字化发展,建设数字中国"问题。经简单统计,"数字化"在《规划》全文出现 25 次,"智能"出现 35 次,"智慧"出现 22 次,"大数据"出现 10 次。

根据百度搜索指数的综合统计，自 2016 年起，数字化热度一直持续上升，如图 A-1 所示，2020 年出现明显的拐点，以更快的速度上升。

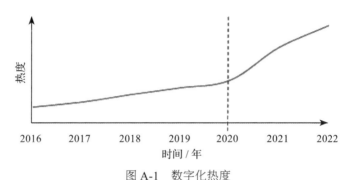

图 A-1　数字化热度

资料来源：穆胜企业管理咨询事务所。
注：穆胜企业管理咨询事务所结合百度指数（数字化、数字化转型、数字化管理等词条）统计加权处理后得出（加权原则按照关联重要级）。

这些信号都充分说明了数字化时代已经来临。有人认为企业数字化转型是业务流程数据化，这没错，但并不完整。**人才同样也需要数字化，只有这样才能实现业务流、资金流和人才流三流一体在线，实现数字管理。**

先不提人力资源数字化，看看更基础的人力资源数据化。人力资源数据化并不是未来，而是已经发生的趋势，大量企业已经开始实践了。根据穆胜企业管理咨询事务所发布的《2021 中国企业人力资源效能研究报告》，2021 年有 50.1% 的被调研企业重视数据化人力资源（见图 A-2），并设有负责此项工作的专职员工或团队，用以沉淀人力资源数据。对比 2020 年，该比例上升了 5 个百分点。

在数字化转型的浪潮下，以互联网、地产、金融为代表的大厂们站在了浪尖，腾讯、百度、绿城等企业纷纷行动。让我们来看看，它们对 HR 提出了哪些新的要求呢？

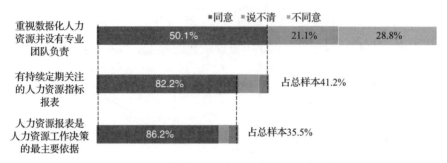

图 A-2　企业对数据化人力资源的重视及应用情况

资料来源：穆胜企业管理咨询事务所发布的《2021中国企业人力资源效能研究报告》。

通过对大量招聘信息的查阅、整理、分析，我们发现了一些在数字化转型浪潮中 HR 职责的变化，这种变化主要有两类：一类是在 HR 现有岗位职责的基础上增添了数据分析的职责，或是把这种职责放大设置独立的岗位，这种变化是"小升级"，因为 HR 的工作逻辑没有本质的变化；还有一类是在 HR 部门中设置了专门承接数字化转型工作的岗位，这种变化是"大改造"。

如果说小升级是把原来的人力资源相关信息变成数据并进行分析判断，那么大改造就是把这些数据变成人才流，并与资金流、业务流结合在一起线上化，从而真正实现数字化管理。说白了，小升级是大改造的前提。

稳健革新：HR 的小升级

如今，大厂的人力资源职能架构大多会采用"三支柱模型"，即专家中心（COE）、共享服务中心（SSC）和业务伙伴（BP）。在职责上，COE 偏向规则制定和综合赋能，SSC 偏向流程管控及运营，BP 偏向政策落地。

大厂们的小升级通常从 SSC 开始，对比传统 HRSSC 的职责，从看数据和查数据，开始向分析数据和管理数据转变。

比如，腾讯 HRSSC 专员的职责是 SSC 运营支持和相关方案跟进，有较强的 HR 数据分析能力，并管理员工基础数据。

有些大厂会将这种数据分析的职责放大，形成单独的岗位，通常叫作"HR 数据分析"。

绿城就在 HRSSC 中设置了这样的岗位，如图 A-3 所示。

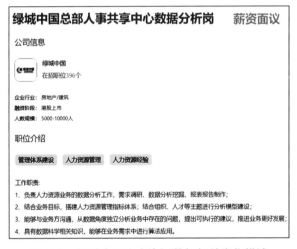

图 A-3　绿城中国人力资源数据相关岗位描述

资料来源：猎聘网。

设置类似岗位的企业很多，比较知名的，如网易、中金、三一重工、商汤集团、58 同城等，企业类型涉及了互联网、AI 这种科技前沿行业、金融行业，甚至传统制造行业。这些来自不同行业的大厂已经行动起来了，通过小升级的方式调整，以适应数字化转型的需求，这是一种进步。而且，它们中的大部分选取了人力资源部里天然靠近数据的

HRSSC，迈出这关键的第一步，无疑是一种相对简单但有效的选择。

总结下来，这类岗位的职责主要有：

- 数据整合——数据梳理、提取、清洗。
- 指标搭建——根据业务特点建立指标体系。
- 数据分析——分析数据，形成报表或在线数据仪表盘（可参考穆胜企业管理咨询事务所的人力资源效能仪表盘）。

对比传统的 HR 职责，这种进步已经十分明显了。穆胜企业管理咨询事务所判断，真的做到这一步，HR 再享受 5 年的"专业变革红利"不成问题。"红利"反映在什么地方？无非就是 HR 的收入（利）和职位（名）。

底层重塑：HR 的大改造

如果说，上述的调整思路还是在人力资源传统逻辑上进行的，那么，对于本就数据化程度极高的互联网大厂来说，这种小升级就显得有点不够"大胆"了，它们追求的是一种"大改造"。

根据我们以往的经验，企业的数字化转型，大多是由 IT 部门、业务部门或战略部门牵头，人力资源部往往都是以相对被动的形象出现，甚至有时还被诟病为"拖后腿"。但如今，越来越多的人力资源部积极参与其中。值得一提的是，有的大厂的数字化转型甚至是由人力资源部作为主力之一来牵头的。

这种企业往往会设置人力资源信息化（数字化）相关岗位。比如互联网头部企业腾讯（见图 A-4）。

附录 A　26 家大厂对 HR 的数字化能力要求　187

图 A-4　腾讯人力资源数据相关岗位描述

资料来源：猎聘网。

百度也设置了相关的岗位（见图 A-5）。

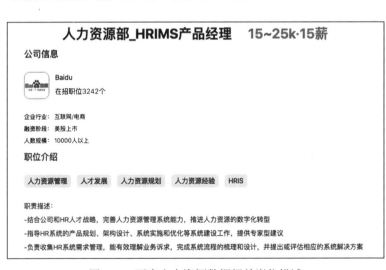

图 A-5　百度人力资源数据相关岗位描述

资料来源：猎聘网。

除了腾讯、百度这样的互联网大厂，伊利、吉利、长城汽车、京东方、中建国投、富士康等大型传统企业也同样设置了相似的岗位。对于这些企业来说，业务数字化转型已经进行了一段时间，如今，数字化转型似乎渗透到了人力资源领域。从"业务"到"管理"的数字化，符合一般的数字化转型规律。这类企业的数字化转型进程，似乎也让它们和竞争对手之间拉开了越来越大的差距。其实，我们想说——没有传统的企业，只有传统的思维。

这些岗位职责因行业不同而有所不同，但总结下来，有这几个主要职责：

- 系统搭建——基于企业战略和业务搭建 HR 信息系统。
- 数据模型——建立人力资源数据分析模型，通过系统及数据平台，对人力资源、业务指标进行统计。
- 决策支持——多角度分析组织、人力数据，发现问题，提出改进意见。

我们还注意到，有些企业的人力资源信息化系统是自己搭建的。它们组建团队，根据自身业务特点形成独有的数据生态、指标体系、分析手段和干预方式。这种"自力更生"的方式满足本地化的需求，有更好的落地性。

还有一些企业会选择借助专业机构的力量，通过一两个接口岗位与专业机构对接，完成转型。要么引入穆胜企业管理咨询事务所这类专注于人力资源数据化的咨询机构；要么引入北森这类 SaaS 或 PaaS 一站式解决方案；要么双线并举，**让数据化成为数字化的基建，让数字化成为数据化的依托**。其实，企业"借助外脑"来实现人力资源数字化的破局，往往更加高效。

不管采用哪种方法，对 HR 都提出了更多、更高的要求，他们需要对人力资源专业有全新的理解，还要能将这种理解融入一种新的工作模式。身处于"大改造"环境中的 HR，要么驾驭趋势，一飞冲天；要么被趋势抛弃，最终黯然退场。

数据战士：HR 新任职要求

HR 的这些新职责和新岗位对 HR 来说既是机遇又是挑战，传统 HR 的任职要求已经不能满足这些新的岗位和职责了，最明显的变化是要求 HR 具有数据能力。我们来看看大厂们对 HR 的数据能力都提出了哪些要求。

- 阿里——良好的逻辑思维和数据分析能力，对人力资源数据化管理有清晰的思路和认知。
- 腾讯——具有业务流程建设和优化经验，强业务抽象能力、数据建模能力及数据分析能力。
- 美团——具备现状调研、数据分析和报告解读能力。
- 58 同城——具备良好的业务思维，能够实现 HR 管理和数据需求的良好结合。
- 网易——数据驱动，业务导向，具备良好的沟通能力和团队协作精神。
- 中建国投——较强的分析能力和解决问题的能力，逻辑清晰，擅长数据分析与需求梳理。

- 安踏——对企业数字化转型相关领域有足够的认知和洞察能力，并能前瞻性地理解技术发展趋势和应用场景。

总的来看，大厂们对 HR 的数据能力要求中，数据整合、分析、形成报告是相对初级的要求；搭建信息化系统，形成数据生态并指导业务是相对高级的要求。

这种任职要求的提升不仅仅体现在数据能力上，也体现在对专业背景的要求上。从大厂的招聘信息上可以看到，HR 岗位已经开始招统计学、经济学、计算机、自动化等非人力资源专业的人才。从工作经验的要求来看，人力资源相关工作经验也仅仅是个初级的要求，搭建 HR 信息平台、商业模式分析、企业数据洞察、咨询公司背景等相关工作经验也成了某些大厂的高阶要求。更有甚者，需要 HR 懂区块链技术和具有相应的开发经验。

对于掌握办公软件的要求也明显增多，传统的 HR 一般只需要会使用 Office 和公司 OA 系统即可，从大厂对这些岗位的招聘信息中可以明确看到，Hive、SQL、SPSS、Python、R、Tableau 等专业性较强的数据分析处理工具也成了 HR 所要掌握的。

HR 注意了，需要警惕"跨界打劫"！

附录 B

以人才成长指数衡量企业的人力资源专业水平

如何衡量组织能力？我的建议是，不要用主观量表来测量，一定要用人力资源效能这个客观数据作为标尺。

有人说，我们的人效水平不高，是因为行业原因、企业发展阶段原因……我们人力资源管理水平出色。从严格意义上来说，的确存在这种可能性。

问题来了，如何客观衡量企业的人力资源管理水平呢？

人才成长指数模型

对于企业的人力资源管理水平，即选用育留等职能运行的水平，我定义了一个"人才成长指数"（talent development index，TDI）。具体来说，TDI 由六个变量决定：

- 职业倦怠指数（调配系统）——员工是否在业绩输出的状态中？
- 人才晋升指数（调配系统）——员工是否能获得有效晋升？
- 人才赋能指数（培养系统）——员工是否能获得有效赋能？

- 人才储备指数（培养系统）——组织是否有人才后备？
- 激励真实指数（激励系统）——考核是否真刀真枪？
- 激励强度指数（激励系统）——激励是否真金白银？

上述六个变量，刚好测量了人力资源专业的三大支持系统——调配（招聘、淘汰、再配置）、培养和激励，依次衡量了企业有没有让员工"有机会干""有能力干"和"有意愿干"。

我们在每个维度上都设置了统一的指标算法，据此，每个企业都可以在人才成长指数模型这个六边形里测量自己的人力资源管理水平（如图 B-1）。基于这个工具，我们也在每年发起大样本研究，用以判断中国企业的整体人力资源管理水平，并归纳出当下的人力资源专业的发展趋势。

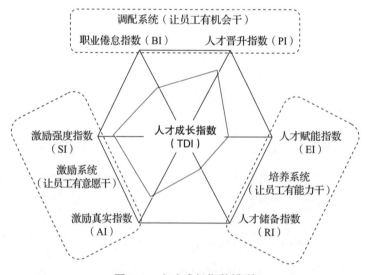

图 B-1　人才成长指数模型

资料来源：穆胜企业管理咨询事务所发布的《2021 中国企业人力资源效能研究报告》。

举例来说，如果 2021 年度中国企业里，行业成熟度高的企业平均 TDI 为 55 分（百分制），最高值为 62 分。而你的企业恰巧也在成熟行业，得分 60 分，那么，你就可以理解为自己企业的人力资源管理绝对处于一线水平。

再举个例子，如果 2021 年度中国企业的激励真实指数（即浮动薪酬的差异部分占平均薪酬的比例）为 10%，而你的企业这个数据是 12%，那么，你就可以理解为你的企业在激励上拉开了更大的差距。在激励上，下一步要往什么方向走，也就一目了然了。

在《2021 中国企业人力资源效能研究报告》中，我们对本年的 TDI 及各组成变量有具体的统计和分析，这里就不一一赘述了，只拿两个有代表性的数据出来分析，即职业倦怠指数和人才晋升指数。

职业倦怠指数

在谈职业倦怠指数的算法前，我们先要了解"职业倦怠期"。

所谓职业倦怠期，是我们假设一个员工从入职到进入"瓶颈期"的时长。事实上，绝大部分员工都会从"热血沸腾"阶段进入"油盐不进"阶段。

有没有特殊情况？也有。我们不能否认有少数不用扬鞭自奋蹄的员工，另外，当员工成为类似企业合伙人一样的角色，也是没有职业倦怠期的。

泛行业的职业倦怠期很大程度上体现了社会的浮躁程度。我们的调研数据显示，**泛行业的平均职业倦怠期为 2.9 年，相对 2020 年延**

长了 0.3 年，这说明整体经济不景气让大家在职业上更加稳定和保守。

除了统计泛行业的职业倦怠期，我们还按照不同的企业类型，对职业倦怠期进行了分析，发现了一个有意思的规律（见图 B-2）——**行业成熟度高低两极的企业中，员工更有耐心。**

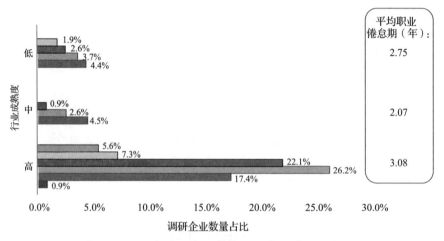

图 B-2 从行业成熟度看职业倦怠期

资料来源：穆胜企业管理咨询事务所发布的《2021 中国企业人力资源效能研究报告》。

这种规律很好理解：一方面，成熟度高的行业，企业人力资源体系发展较为完善，员工有明确的职业生涯发展空间；另一方面，成熟度低的行业，企业野蛮生长，机会多、空间大，员工同样有较大的成长空间。

所以，职业倦怠期的延长，一定程度上降低了组织与人力资源管理工作的难度。但我们也应该清醒地认识到，这种变化是结构性的，职业倦怠期延长的红利更多涌向了成熟度居于两极的企业。

我们用企业的平均司龄除以该行业的职业倦怠期，就得出了职业倦怠指数，这个数据越大，就代表企业整体的职业倦怠程度越高。所以，职业倦怠指数的算法为：

职业倦怠指数 = 企业平均司龄 / 职业倦怠期

根据过往的样本研究，我们也给出了一个基线，即职业倦怠指数最好不要大于 1.1，否则人力资源管理的难度会大大增加。但从泛行业数据来看，突破这个基线的企业高达 55%。

真心心疼这些企业的 HR，他们做一分的事，可能只起半分的效果，而正常企业的 HR 做一分的事，则可能产生两分的效果。所以，大多数企业的 HR 在企业里的专业表现，其实和他们摸到的"牌"有很大关系。在入职之前，他们最好对这个数据有个估算。

好多老板有个误区，认为员工离职率越低越好，最好为零。这些企业发展不错，给员工待遇不错，员工也不想走，老板也乐于看到队伍稳定，HR 自然不愿意去"瞎折腾"。但这样的结果就是，员工会自然地"滑过"职业倦怠期，开始耗掉组织的活力。合理的做法是，督促 HR 有所作为，通过定期的人员汰换来保持人才流动，将职业倦怠指数控制在基线以下。

人才晋升指数

在谈人才晋升指数之前，我们要先谈一个叫作"人才晋升率"的概念。

所谓人才晋升率，有两个口径：一是"名义晋升率"，即一年内按照企业制度预设应该达成的晋级晋档员工占比；二是"实际晋升率"，即一年内实际获得晋级晋档的员工占比。

如图 B-3 所示，我们的数据显示，样本企业的平均名义晋升率为 29.1%，而平均实际晋升率 17.3%，中间差 11.8%。这是一个非常夸张的数字。说直白点，企业在对于员工的晋升承诺上，画了约 1/3 的"大饼"。企业当然可以用各种理由告诉员工，你为什么没有晋升上去，但是，总的数据结果的确有点说不过去。

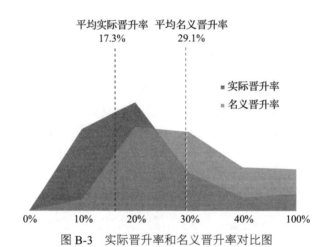

图 B-3 实际晋升率和名义晋升率对比图

资料来源：穆胜企业管理咨询事务所发布的《2021 中国企业人力资源效能研究报告》。
注：横轴代表晋升率，面积大小代表处于该数据范围内的企业数量占比。

我们用企业的实际晋升率除以名义晋升率，就得出了一个倍数关系，代表了"画饼"后的实现程度。在此基础上，我们将晋升标准的客观程度作为晋升调节系数，也放到公式里，就得出了人才晋升指数。这个数据越大，就代表企业人才晋升越顺畅。所以，人才晋升指数的算法为：

人才晋升指数 = 实际晋升率 / 名义晋升率 × 晋升调节系数

根据过往的样本研究，我们也给出了一个基线，即人才晋升指数应该处于0.9~1.1。直观描述，大于1.1就代表"乱升官"，就像很多互联网公司在发展初期的混乱的职业生涯管理状态，俗称"总监满地走"。反之，小于0.9就代表"画大饼"，这就是企业的老毛病了，计划做了一大堆，能落地的没几样。

根据本次的调研数据反馈（见图B-4），处于这个合理区间的企业仅有21.8%，"画大饼"的大概占近七成，而"乱升官"的近一成。

人才晋升指数＜0.9　　0.9≤人才晋升指数≤1.1　　1.1＜人才晋升指数

图 B-4　中国企业人才晋升指数分布

资料来源：穆胜企业管理咨询事务所发布的《2021中国企业人力资源效能研究报告》。

毫无疑问，中国企业普遍存在职业生涯管理问题，这不仅会形成一系列的激励问题，导致组织权威丧失，犹如慢性毒药。当员工没有因为确定性的产出而获得激励时，企业作为一个组织其实已经"糊"了。

这里举个简单的例子，一个演员没有因为演技好而获得更多的赞许，反而因为一些绯闻而获得流量，这就是在激励演员们去当流量鲜肉，那么，这个演艺圈就已经"糊"了。

中国企业有"六边形战士"吗

将六个指标进行汇总,我们可以计算出企业人才成长指数(TDI),并由此判断企业的人力资源专业水平(不包括OD部分)。这次的样本有720份,应该可以让我们对中国企业的人力资源专业水平做出判断了。

我们发现,样本企业的平均TDI为49.8,距离60分的基线还有相当一段距离,这说明中国企业的人力资源管理水平相对不高,HR任重而道远。

说了整体水平,我们再看看具体分布。如图B-5所示,样本企业的整体表现呈现出"中间大、两头小"的对称分布状态:处于40~60分的企业占58%,而及格线以上的"优等生"占20.3%;低于40分的"差等生"占21.7%。

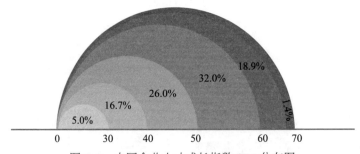

图 B-5　中国企业人才成长指数 TDI 分布图

资料来源:穆胜企业管理咨询事务所发布的《2021中国企业人力资源效能研究报告》。
注:半圆形面积大小代表处于该数据范围内的被调研企业数量占比。
解读举例:人才成长指数在30~40的企业数量占比为16.7%。
　　　　　人才成长指数在0~50的企业数量占比为5%+16.7%+26%=47.7%。

这充分说明,中国企业尽管经过了多年的市场化洗礼,但在组织与人力资源管理方面依然处于百废待兴的状态。在这个班级里,"优等生"极少,大家几乎都在同一起跑线上。也就是说,谁先重视并投入精力,谁就能俘获人才红利,在激烈的市场竞争中脱颖而出。

从具体的人力资源职能来看,调配、培养和激励三大支持系统都表现平平,很难区分出长板或短板。但对比2021年与2020年的数据,我们发现激励系统的进步相对明显,激励真实指数和激励强度指数有显著提升。这是一个明确的信号,即企业开始通过激励系统的强化,来驱动人力资源管理水平的提升。**对于从事C&B(薪酬与考核)职能的HR来说,这可能是个机会。对于老板来说,抓住这个"牛鼻子",更有机会让企业的人力资源管理实现升级。**

接下来,我们要做的是向"优等生"学习。这次的调研中,我们也发现少数鹤立鸡群者,其中,有凤毛麟角的标杆企业,它们在人才成长指数模型的六个维度上都表现出色,堪称"六边形战士"。

所谓"六边形战士",源于日本媒体《东京乒乓球新闻》评估乒乓球选手的六维雷达图,这个图从力量、速度、技巧、发球、防守、经验六个方面,分析了各位乒乓球选手的实力。中国的马龙是唯一一个在六个维度上能力全满的选手,其得分撑爆"六边形",被称为"六边形战士"。

同理,称得上"六边形战士"的企业也不多见,它们在中国的管理情境中取得了骄人战绩,的确更有标杆意义。各位不妨对照人才成长指数模型,先给自己照照镜子。

附录 C

谷歌开始将人力资源专业变成数据科学

根据知名咨询机构 Universum Global 发布的"2021 全球最具吸引力雇主"榜单（World's Most Attractive Employers），谷歌力压微软、IBM、苹果获得头名，成为全球工科、IT 专业、经管专业学生最想去的公司。

谷歌作为科技巨头，推崇技术，"黑科技"层出不穷，本身就是行业标杆。其工资待遇高，办公环境好，自然也会吸引大量人才。更重要的是，谷歌的人力资源管理也确有独到之处，它信奉用数据说话、基于数据决策，这对于工程师们来说，无疑具有巨大的吸引力。

人力数据实验室

1998 年，拉里·佩奇（Larry Page）和谢尔盖·布林（Sergey Brin）共同创建了谷歌公司（Google Inc.），自身 IT 背景的创始人对公司的文化影响颇深，造就了其典型的"工程师文化"。据说，公司内有一条不成文的规则，那就是"任何决策都不能拍脑袋，而必须是数据驱动的。"

在这里，每个人都必须了解数据，学会用数据说话，用数据结论说服别人或是驱动决策，连人力资源管理也不例外。与众不同的人力资源管理也成了谷歌的核心竞争力之一。

说到谷歌的人力资源管理，那就必须要提到拉斯洛·博克（Laszlo Bock），这个被誉为谷歌"人力资源之父"的人。这位2006年加入、2017年离开的前首席人才官、前人力运营副总裁，用十余年时间奠定了谷歌"人力资源运营"的基础理念和方法。

他上任的第一个举措就是把人力资源部改成人力运营部（people operations），内部简称"POPS"，其功能架构如图C-1所示。在这里，与传统人力资源部的最大不同就是搭建了专门的人力分析团队（people analytics），他们直接向人力资源高级副总裁（HR SVP）汇报，负责人力数据的分析，包括收集数据、设计算法，帮助决策等。

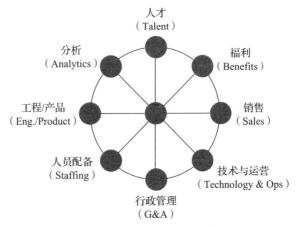

图 C-1　POPS 的功能架构

这支200多人的团队采取"三三三"配置：1/3的成员是MBA背景，懂商业；1/3的成员有管理咨询公司背景，有方法；剩下1/3的成员是信息学、统计学背景，会算法。这样一个"懂商业、有方法、会算法"的多背景复合团队,被誉为"人力数据实验室"。

谷歌为了实现数据驱动决策,专门开发了数据决策模型——分析价值链(analytics value chain),包含以下六个步骤:

- 看法(opinion)——需求的开端,最直接的主观想法。
- 数据(data)——获取主观数据、客观数据。
- 衡量(metrics)——数据浅层呈现,包含具体指标、比例等。
- 分析(analysis)——在不同数据间建立联系,分析变化本质、成因等。
- 洞见(insight)——穿透数据分析结果,直达本质,形成专业洞见。
- 行动(action)——将洞见付诸行动,切实解决组织的问题。

在这个模型的帮助下,人力数据实验室帮助谷歌发现并解决了很多组织上的问题。

纠正自以为是的"大聪明"

"对于公司来说,管理者有用吗?"

相信每个人心里都有自己的答案,就目前绝大部分公司的组织设计来看,管理者的作用毋庸置疑。有意思的是,在谷歌创立早期,创始人佩奇认为管理者在组织中没什么用,甚至觉得这是"官僚"的体现,与工程师文化不符。然后,他就用"大聪明"的决策取消了管理岗位,结果可想而知,失去了管理岗位的组织陷入了"大混乱",无奈之下，只得恢复了原有的管理岗位。

这里要回忆一下国内的"大聪明"。其实，这也是国内一众互联网大佬们创业之初的偏执经验。某科技产品公司，也曾号称公司只有三个层级，不设 KPI，只在乎开心地玩耍……但随手用搜索引擎一查就能发现这种方式的问题。

回到谷歌。这样一番折腾之后，谷歌意识到"拍脑袋"的决策不一定靠谱，为什么不用数据解决问题呢？于是，一个知名的项目——氧气项目（project oxygen）诞生了，也叫管理者发展项目。

我们按照数据决策模型的步骤对氧气项目简单做个解读，如表 C-1 所示。

表 C-1 数据决策模型解读氧气项目

数据决策模型	模型解读	氧气项目
看法	需求的开端，最直接的主观想法	谷歌奉行工程师文化，管理者对组织影响不大
数据	获取相关数据（主观＋客观）	绩效完成情况（客观），员工访谈评价（主观）
衡量	数据的浅层呈现（指标、比例）	大量员工对管理者予以积极评价
分析	数据的深层解读，数据的相互关系	优秀的管理者（前 25%）有较高的团队绩效和团队稳定性
洞见	穿透数据分析，形成对该问题的洞见	提炼出谷歌管理者应具备的八项行为特征
行动	基于洞见，制订行动方案，帮助解决相关问题	每年两次聚焦八项行为的管理者反馈调研，嘉奖最佳实践，进行管理者培训等

基于氧气项目中的输出，谷歌不再坚持"管理者无用论"，它也找到了优秀谷歌管理者应具备的特质，如懂得带教下属，对团队授权，关心员工事业成功，自身结果导向等。

之后，谷歌通过几项行动切实帮助组织发现并培养了大量合格的管理人员，他们也成了谷歌获得如今成就的中流砥柱。

简化官僚化的招聘流程

"你想去谷歌吗？"

如果这个问题抛给一个相关专业的学生，大概率会得到肯定的回答。"全球最具吸引力榜单"也能说明这个问题。曾几何时，候选者需要通过12～14次面试，耗时半年以上才有可能从6000多人中脱颖而出，获得谷歌某个岗位的录取通知书，从而成为它的一员。

这一套烦琐的招聘程序被外界诟病，谷歌被视为傲慢和自大。对于谷歌来说，多轮次的面试也造成了大量成本的浪费和部分优质人才的流失。终于在2011年，首席人才官拉斯洛·博克宣布谷歌将极大简化招聘流程。

这自然是人力数据实验室的功劳。它在之前所有的面试数据的基础上，对谷歌的面试工具方法进行分析，对面试人员进行调研。大量的研究之后，人力数据实验室得出了4次面试是最优解。而后，这一研究成果被应用到实践中，谷歌的面试流程精简为平均4次，既改善了候选人的体验，也极大地节约了招聘成本。

这还没有结束，谷歌招聘流程之所以烦琐，是因为每年需要从100万到200万份简历中筛选出最适合的候选人。简化了流程但不能影响效果，如何设计招聘工作体系，将筛选的标准"塞"到4次面试流程里呢？在经过了一系列的研究分析之后，谷歌形成了自己独有的招聘工作体系，这也成了谷歌的标志之一。简单来说，有如下特点：

- 采用高度结构化的面试流程（structured interview），让信息极度标准化，成为结构化数据，便于进行高效决策。
- 建立谷歌的人员特质模型，统一评价标准，严格进行人员评价。该模型包含4个维度——岗位知识技能（role-related knowledge）、通用知识能力（general cognitive ability）、领导力（leadership）、谷歌范（Googleness）。
- 任用与否由招聘委员会（Hiring Committee）集体决定，在数据的基础上，让熟悉谷歌的人用"感觉"来弥补单纯数据决策可能形成的漏洞，同时也避免招聘决策上的"一言堂"。

这极大地提升了招聘的效率，节约了成本，也保证了决策的公平性。大量企业竞相模仿，一时间，谷歌的招聘体系被奉为经典，成了"教科书"一般的存在。

究竟有多少算法

"人力数据实验室究竟在研究什么？"

其实谷歌的人力数据实验室，一方面拥有全公司人力资源的所有数据，另一方面Google Geist这个了解员工对于公司政策、工作环境、福利待遇等方面满意度的反馈工具也帮助其获得了大量的主观数据。利用这些海量的数据，人力数据实验室为优化商业决定、内部流程和员工激励提供多样化的数据分析支持。我们来看看它都算了些什么。

案例 1：涨薪还是奖金

在 2010 年经济衰退期时，谷歌决定提高员工收入来维持人员稳定。通过什么方式提高收入呢？由算法决定，根据人力数据实验室的研究，对员工来说，1 美元的奖金等值为 1 美元，而 1 美元的基本工资的价值超过 1 美元。最终，在 2010 年秋天，谷歌宣布所有员工的基本工资提升 10%。

案例 2：谁最应该被赋能

公司的培训资源是有限的，为了让培训资源能够发挥最大的效果，将资源倾斜给哪部分人？这也是由算法决定的。根据人力数据实验室的研究，中层经理人差别是最明显的，最好和最差的中层经理人对组织的影响最大，所以，培训那些水平较差的中层经理人投产比最高。结果，自 2009 年以来，每年对中层经理人的反馈都有所改善。

这样的算法还有很多，人才保留算法、优秀人才绝对值、高效招聘算法……覆盖了人力资源管理的方方面面，极大地帮助了组织决策。除此之外，还有一些看似不那么重要的研究，比如餐厅排队多久合适，咖啡厅不同的咖啡该如何摆放等，也在一定程度上提升了员工的"幸福感"。

诚然，一定有人会说这些算法并不是完全准确的，甚至有些算法是有问题的，但这并不影响谷歌的决策逻辑和它今天取得的成绩。算法就是一个不断优化、持续迭代的产物。在创新的道路上，错误并不可怕，可怕的是缺少迈出第一步的勇气。

有人说，谷歌的成功是因为OKR，实际上，当你深入研究谷歌就会发现，OKR只是个形式，它竞争力的内核还是数据和算法。这从拉里·佩奇选择Page Ranking技术作为创业赛道开始，就已经注定了。

HR如何走上数据化之路

相对谷歌十几年前就走出的先锋实践之路，国内大厂似乎跟进得慢了一点。

一般来说，数据、算法（模型）是数据化的基础，二者缺一不可。对于那些大厂或者行业头部企业来说，数据自然是不缺的，算法也不是难以解决的。那么为何至今，国内还没出现一家人力资源数据化的标杆呢？

其实，它们缺少的是数据思维（data mind）。至今，仍有不少人认为人力资源是一个难以数据化的专业，在这种思维的加持下，自然很难找到算法，即使找到了，算法也仅仅停留在数理的逻辑上，缺少应用价值也就失去了数据化的意义。说白了，大多数HR缺乏重塑人力资源专业的决心，还是在走改良路线，只是在用数据工具来包裹陈旧的人力资源工作模式，妄图为摇摇欲坠的专业续命。

简单来说，数据思维就是真正懂得数据的意义，解析数据间的相互关系，探索数据到决策的路径……还有最重要的，要有重塑人力资源专业的决心。正是基于这种理念，穆胜企业管理咨询事务所长期致力于数据驱动人力资源效能的研究，原创了大量的指标及其算法。

- **扁平化指数**——衡量组织是否存在冗余。当该指数小于 1 时，则说明组织存在冗余，有大企业病的危险。
- **激励真实指数**——衡量考核是否"真刀真枪"。当该指数小于 5% 时，绩效考核没有差距，失去了真正意义。
- **激励强度指数**——衡量激励是否"真金白银"。当该指数小于 8% 时，分配没有差距，激励失去意义。

……

要说这些指标的数学逻辑，其实并不难，进入工作场景中，确实对企业帮助很大，这些指标让它们的决策有了数据依托。所以，数据思维才是打开人力资源数据化大门的"钥匙"。我们将自己研究的算法放到了每年发布一次的《中国企业人力资源效能研究报告》里，希望能帮助到更多的企业。

谷歌十几年前就开始重视人力资源数据研究，并设置了人力分析团队，它是先行者，也享受了多年的数据红利。到了今天，越来越多的国内大厂已经在路上了，人力资源与数据科学注定会走到一起，传统纯"靠手感"的人力资源管理必将做出改变。

参考文献

[1] 穆胜. 2022 中国企业平台型组织建设研究报告 [R]. 青岛：穆胜企业管理咨询事务所平台型组织研究中心，2022.

[2] 穆胜. 2021 中国企业人力资源效能研究报告 [R]. 青岛：穆胜企业管理咨询事务所人力资源效能研究中心，2021.

[3] 穆胜. 2021 中国企业平台型组织建设研究报告 [R]. 青岛：穆胜企业管理咨询事务所平台型组织研究中心，2021.

[4] 穆胜. 2020 中国企业人力资源效能研究报告 [R]. 青岛：穆胜企业管理咨询事务所人力资源效能研究中心，2020.

[5] 穆胜. 穆胜研究：组织平台化进程中人力财务三支柱变革 [M]. 北京：机械工业出版社，2021.

[6] 穆胜. 重构平台型组织 [M]. 北京：机械工业出版社，2022.

[7] 穆胜. 人力资源效能 [M]. 北京：机械工业出版社，2021.

[8] 穆胜. 平台型组织：释放个体与组织的潜能 [M]. 北京：机械工业出版社，2020.

[9] 穆胜. 创造高估值：打造价值型互联网商业模式 [M]. 北京：机械工业出版社，2020.

[10] 穆胜. 激发潜能：平台型组织的人力资源顶层设计 [M]. 北京：机械工业出版社，2019.

[11] 穆胜. 重塑海尔：可复制的组织进化路径 [M]. 北京：人民邮电出版社，2018.

[12] 穆胜. 释放潜能：平台型组织的进化路线图 [M]. 北京：人民邮电出版社，2018.

[13] 穆胜. 私董会 2.0 [M]. 北京：中国人民大学出版社，2016.

[14] 穆胜. 云组织：互联网时代企业如何转型创客平台 [M]. 北京：电子工业出版社，2015.

[15] 穆胜. 人力资源管理新逻辑 [M]. 北京：新华出版社，2015.

[16] 穆胜. 叠加体验：用互联网思维设计商业模式 [M]. 北京：机械工业出版社，2014.

穆胜作品

激发潜能：平台型组织的人力资源顶层设计

ISBN：978-7-111-62864-4

创造高估值：打造价值型互联网商业模式

ISBN：978-7-111-64263-3

平台型组织：释放个体与组织的潜能

ISBN：978-7-111-66761-2

人力资源效能

ISBN：978-7-111-67724-6

重构平台型组织

ISBN：978-7-111-70288-7